ullstein

Die Ideologie der Identität hält das gesamte politische Spektrum besetzt. Während die Linke in Kategorien von *race* und *gender* kämpft, betreibt die Rechte Politik im Namen der Nation. Und der Universalismus? Geschrumpft auf eine leere Hülle. Denn der moderne Liberalismus schützt nicht die Pflichten gegenüber den Menschen, sondern die Interessen der Bürger.

Mit *Radikaler Universalismus* liefert Omri Boehm mehr als eine Neuinterpretation – er revolutioniert unser grundlegendes Verständnis von dem, was Universalismus eigentlich ist. Dabei beruft er sich auf Kant und seine oft missverstandene Wiederbelebung des ethischen Monotheismus der jüdischen Propheten. Ein kühner Entwurf, der in seiner Furchtlosigkeit einen Ausweg aus der festgefahrenen Identitätsdebatte eröffnet.

OMRI BOEHM, geboren 1979, ist Associate Professor für Philosophie und Chair of the Philosophy Department an der New School for Social Research in New York. Er ist israelischer und deutscher Staatsbürger, hat u.a. in München und Berlin geforscht. Seine Beiträge über Israel, Politik und Philosophie erscheinen in *Haaretz*, *Die Zeit* und *The New York Times*. Bei Propyläen erschien sein von der Kritik hochgelobtes Buch *Israel – eine Utopie*.

OMRI BOEHM

RADIKALER UNIVERSALISMUS

JENSEITS VON IDENTITÄT

Aus dem Englischen
von Michael Adrian

Ullstein

Besuchen Sie uns im Internet:
www.ullstein.de

Wir verpflichten uns zu Nachhaltigkeit
- Papiere aus nachhaltiger Waldwirtschaft und anderen kontrollierten Quellen
- Druckfarben auf pflanzlicher Basis
- ullstein.de/nachhaltigkeit

MIX
Papier
FSC FSC® C083411

Ungekürzte Ausgabe im Ullstein Taschenbuch
1. Auflage Oktober 2023
6. Auflage 2024

Umschlaggestaltung: zero-media.net, München
nach einer Vorlage von Brian Barth, Berlin
Satz: LVD GmbH, Berlin
Gesetzt aus der Dante MT Std
Druck und Bindearbeiten: CPI books GmbH, Leck
ISBN 978-3-548-06857-2

Das ist der Triumph der Religion der Propheten über die Philosophie der Ethik: daß sie allein die Idee der Menschheit entdeckt hat.

Hermann Cohen

Das »Wir« scheint mir somit nicht der Frage vorausgehen zu dürfen [...].

Michel Foucault

Für Amitai

INHALT

PROLOG: VOM URSPRUNG

1959 erhielt W. E. B. Du Bois eine Einladung in den Kreml, in welcher ihm mitgeteilt wurde, dass er den Internationalen Lenin-Friedenspreis – eine Art kommunistischen Nobelpreis – erhalten werde. Ein sowjetisches Komitee würdigte den herausragenden afroamerikanischen Gelehrten und Autor von *Black Reconstruction in America*[1] »für die Festigung des Friedens zwischen den Völkern«, um damit ein Zeichen zu setzen. In einer Welt, in der der Kalte Krieg in vollem Gange war und die Bürgerrechtsbewegung an Fahrt aufnahm, präsentierte sich Sowjetrussland dort als überlegen, wo die liberale Demokratie der USA versagt hatte: bei der Herstellung von Rassengerechtigkeit. Obwohl also zweifellos eine politische Absicht hinter der Entscheidung des Preisgerichts stand, wäre es dennoch irrig, sie als bloße Propaganda abzutun. Im Amerika der Jim-Crow-Gesetze wäre Du Bois vom Weißen Haus kaum eine vergleichbare Ehre erwiesen worden. Im Jahr davor hatte er bereits die Ehrendoktorwürde in Wirtschaftswissenschaften von der Humboldt-Universität in Ost-Berlin erhalten, an der er um die Jahrhundertwende eine kurze, aber prägende Zeit verbracht und Seminare bei Persönlichkeiten wie Max Webers Habilitationsvater August Meitzen und Wilhelm Dilthey besucht hatte. Als der Lenin-Preis dann 1960 in der sowjetischen Botschaft in Washington überreicht wurde – Du Bois hatte sich ausgebeten, dass die Zeremonie in Amerika stattfand –, beschloss der Mann, der sein Leben einmal als »Autobiografie des Rassenbegriffs«[2] beschrieben hatte, seine Dankesrede mit einer Erklärung, die ausgerechnet aus seinem Mund doch überraschend klang: »Ich halte immer noch an dem Traum von dem Amerika fest, in das ich hineingeboren wurde.«[3]

Vier Jahre später, im September 1964, sollte Martin Luther King Jr. auf Einladung des Regierenden Bürgermeisters Willy Brandt für einen historischen Besuch nach West-Berlin reisen. Der offizielle Grund war eine Gedenkveranstaltung für John F. Kennedy, der im Jahr zuvor eine berühmte Rede in der eingemauerten Stadthälfte gehalten hatte und nur wenige Monate später einem Attentat zum Opfer gefallen war. Den ermordeten Präsidenten der westlichen, vom Bezwinger zum Beschützer gewandelten Supermacht durch eine Einladung der schwarzen und noch immer hoch umstrittenen Ikone der Bürgerrechtsbewegung zu ehren, war eine bemerkenswerte Entscheidung Brandts. Noch im Vorjahr hatte King in einer Zelle im Gefängnis von Birmingham, Alabama, gesessen, weil er entgegen eines gerichtlichen Verbots friedliche Proteste in der Stadt organisiert hatte. Die Veröffentlichung seines »Briefs aus dem Gefängnis in Birmingham« fällt fast auf den Tag genau mit Kennedys »Ich bin ein Berliner« zusammen. Auch die Bundesrepublik verstand sich offenbar darauf, ein Zeichen in Sachen westliche Werte und Rassengerechtigkeit zu setzen. Bei seinem Aufenthalt wollte es sich King nicht nehmen lassen, auf die andere Seite der Mauer zu fahren und den Osten zu besuchen, obwohl seine Gastgeber dagegen waren; so versuchte denn auch die amerikanische Botschaft, seinen Grenzübertritt zu verhindern, indem sie Kings Reisepass einzog. Er setzte sich aber durch und hielt schließlich eine kurze Predigt in der Marienkirche, nachdem er sich an der Grenze mit seiner American Express-Karte ausgewiesen hatte. Ein Präsident der American Academy in Berlin sollte dies viele Jahre später als ein Indiz dafür werten, dass der Kapitalismus am Ende doch »funktionieren kann«.[4]

Diese Schachzüge westlicher und östlicher Politiker im Kalten Krieg sind längst Geschichte. Heute toben hitzige Debatten um Identität, Diskriminierung und gesellschaftliche Macht. Seit Februar 2022 ist der Krieg zurück in Europa, und es könnte verlockend erscheinen, dass diese Debatten plötzlich von einem alt-neuen Konflikt an den Rand gedrängt werden. Nur haben Fragen der Rassen- und der sozialen Gerechtigkeit die westliche liberale Demokratie – mit den Vereinigten Staaten als ihrem befleckten Symbol – bei näherer Betrachtung immer schon vor dem Hintergrund von Herausforderungen heimgesucht, mit denen sie von außen konfrontiert wurden. Gewiss, im Unterschied zur Sowjetunion fordert Wladimir Putin den Westen nicht mit einer umfassenden Ideologie heraus. Doch geriert er sich seit vielen Jahren im Hinblick auf Homosexuellenrechte, den »Angriff« auf christliche Familienwerte und die ethnische »Bedrohung« durch eine einwanderungsfreundliche Haltung als Alternative zum westlichen Liberalismus. Das ist einer der Gründe, warum sich nicht nur ein ehemaliger US-Präsident, sondern weite Teile der Republikanischen Partei für Putin begeistern. Im Übrigen dürfte eines klar sein: Wenn Putin überhaupt eine Ideologie hat, dann eine nihilistische, eine Art Wille zur Macht, und die Frage lautet, inwieweit der Westen aufrichtig für ein alternatives Ideal steht. Die Kraft der Werte, für die wir außenpolitisch kämpfen, bemisst sich an der Integrität, mit der wir diese Grundsätze im Innern vertreten.

Doch die liberale Demokratie steckt bereits seit Jahren in der Krise. Die einschlägigen intellektuellen Angriffe auf ihre geistigen und moralischen Grundlagen – Aufklärung, Universalismus, Vernunft – verfangen jenseits hochtrabender intellektueller Debatten und abgehobener Philosophie-Fachbereiche zunehmend auch in politischen Kreisen. Was in den sechziger Jahren des vergangenen Jahrhunderts als Provokation aus Paris mit unüberhörbaren Anleihen aus dem Schwarzwald der zwanziger und dreißiger Jahre begann, beeinflusst heutzutage die Politik weit über die amerikanischen »Culture Studies« der achtziger Jahre hinaus. Die Form des Postmodernismus, die derzeit in Gestalt der Critical Race Theory und der postkolonialen oder dekolonialen Theorie nach Europa reimportiert wird, nimmt die Träume eines Martin Luther King genauso wenig ernst wie den »Traum von dem Amerika«, in das Du Bois hineingeboren wurde. Solche Träume gelten Linken wie Rechten gleichermaßen als Illusionen, denn in einem Punkt immerhin sind sie sich einig: Das Problem mit dem universalistischen Projekt der Aufklärung besteht nicht darin, dass es gescheitert ist, sondern dass man es überhaupt versucht hat. Und so wetteifern beide politischen Lager darum, den Maßstab des abstrakten Universalismus durch eine konkrete Identität zu ersetzen: Wie die Rechte im Namen traditioneller Werte kämpft, so kämpft die Linke im Namen von Gender und Race. Der universelle Humanismus gilt keiner der beiden Seiten mehr als Grundlage, um ungerechte Gesetze und diskriminierende Machtstrukturen zu kritisieren und zu verändern. Er wird vielmehr als die Maske wahrgenommen, die es den Herrschenden ermöglicht, die Strukturen der Ausgrenzung und Ausbeutung aufrechtzuerhalten.

Autoren, die sich solidarisch mit schwarzen Afrikanerinnen, LGBTQ-Menschen, ethnischen Minderheiten und anderen diskriminierten Gruppen zeigen, weisen die Kritik an der »Identitätspolitik« oft damit zurück, dass sie sie als eine Form von »weißer Verletzlichkeit« oder heuchlerischer Übersensibilität der Privilegierten darstellen. Ein Kritiker möchte die zunehmende Rede von einer »illiberalen Linken« gleich als »Mär« abtun.[5] Zwar könne man immer, so seine Argumentation, »ein paar saftige Anekdoten über die Exzesse linker Anti-Rassisten finden«, doch blieben diese ein »marginales Phänomen«. Die derzeitigen antiuniversalistischen Entwicklungen im progressiven Lager zielten nicht darauf, »Menschen in irgendwelche Identitätsgefängnisse zu sperren«, sondern vielmehr auf »die Einforderung von Grundrechten«.[6]

Doch gerade wenn es einem um Grundrechte zu tun ist, sollte man den wachsenden Widerstand gegen den Universalismus der Aufklärung und die damit verbundene Überzeugung, Kant sei der Vater des modernen Rassismus und sogar des Nationalsozialismus gewesen, ernster nehmen.[7] Es geht nicht nur um ein paar saftige Anekdoten wie die Entlassung eines Kolumnisten des *Guardian* oder eines Chefredakteurs der *New York Review of Books*, weil sie Ansichten hegten, die dem allgemein Geläufigen nicht entsprachen. Während wir in eine Epoche eintreten, in der wir die westliche liberale Demokratie in Europa zu stärken und den Aufstieg rechtsextremer Politik und eines ethnischen Nationalismus zu bekämpfen haben, zudem mit globalen Katastrophen und Migrationswellen konfrontiert sind, macht es einen Unterschied, ob wir an der Idee des universellen Humanismus als einen Kompass, sogar als einer Waffe festhalten, oder ob wir eine Gesellschaft hervorbringen, in der diese Idee verspottet und verachtet wird.

Ich kann mir vorstellen, dass viele liberale Universalisten in der politischen Mitte an diesem Punkt zustimmend nicken. Das aber wäre voreilig. Seit vielen Jahren schon schrumpft das, was liberale Demokraten unter »Universalismus« verstehen, unablässig, sodass heute nur noch die leere Hülse des Begriffs geblieben ist. Das klarste Indiz für diese Leere besteht vielleicht im Verschwinden des Begriffs der Pflicht und der Vorherrschaft des Begriffs der Rechte. Wir alle sind mit dem Kanon der Menschenrechte vertraut, der sich am Ende des Kalten Krieges »als die internationale Moral des Endes der Geschichte« herausbildete und heute eine »ganze Bibliothek« von Literatur zu ihrer Begründung verlangt.[8] Während eine gewaltige Fachliteratur zur Geschichte, Philosophie und Soziologie der Rechte vorliegt, wird die Frage, ob es auch immer noch Menschenpflichten gibt, kaum je gestellt. Wie ein klassischer Aufsatz zum Thema ausführt, ist der Begriff des Rechts modern und säkular, der Begriff der Pflicht hingegen vormodern und religiös; Pflichten sind »heteronom«, wie Philosophen sagen: Mose brachte geschriebene göttliche Pflichten vom Berge Sinai herab und *gab* sie den Hebräern. Rechte hingegen sind das Kennzeichen der menschlichen Selbstbestimmung und Autonomie.[9] In dieser bequemen Atmosphäre plädieren

Liberale selten für irgendeine strikte universelle Pflicht aller Menschen, die durchaus erfordern könnte, dass sie gegen ihre eigenen Interessen handeln – und dies auch oft genug tut. Stattdessen berufen sie sich auf ihr Recht als Staatsbürger, genau hiervon abzusehen.

Wenn solche »Universalisten« den aufklärerischen Rationalismus gegen die »Identitätspolitik« verteidigen, dann gehören sie in der Regel zum positivistischen Zweig der Bewegung, der »Vernunft« mit »Interessen« gleichsetzt und für den ein »aufgeklärter Universalismus« genau genommen ein Widerspruch in sich ist. Es überrascht deshalb nicht, dass ein erklärter Anti-Universalist wie Richard Rorty als Gewährsmann für den Großteil der angeblich universalistischen liberalen Bedenken gegenüber der Identität herhalten muss. Als Rorty in den neunziger Jahren den Angriff auf die »Kulturwissenschaften« anführte, setzte er dem postmodernen Identitätsbegriff den des »Nationalstolzes« entgegen.[10] Auch sein derzeit scharfsinnigster Anhänger, Mark Lilla, stellt der Identität einen »Wir-Liberalismus« und »Patriotismus« entgegen, hält aber im Unterschied zu Rorty die damit eröffnete Alternative für universalistisch.[11] Für die Historikerin Jill Lepore, die wesentlich progressiver ist als der Philosoph Rorty oder der Politikwissenschaftler Lilla, gibt es nur »einen Weg«, um den liberalen Universalismus zu verteidigen, nämlich »ein Plädoyer für die Nation« vorzutragen. In dem speziellen amerikanischen Fall, für den sie ihr Plädoyer vorträgt, müsse man sich zu diesem Zweck »eine sehr gute Idee schnappen und an ihr festhalten: dass alle Menschen gleich und von Geburt an mit unveräußerlichen Rechten ausgestattet sind«.[12]

Es sollte offensichtlich sein, dass die Nation der falsche Ausgangspunkt ist, um den Universalismus zu verteidigen. Ein Abgrund trennt die einzig mögliche Quelle universalistischer Politik – eine selbstverständliche Wahrheit über die Gleichheit aller Menschen – von der Reduktion dieser Wahrheit auf eine »sehr gute Idee«. Dass wir blind für diesen vermeintlich bedeutungslosen Unterschied geworden sind, zeigt besonders deutlich, wie fadenscheinig die Bedeutung des Universalismus längst geworden ist.

Für all jene, die immer noch hoffen, den Universalismus verteidigen zu können, bleibt Kant der unverzichtbare Denker. Er begriff, dass die Aufklärungsbewegung, die ihm vorausgegangen war, keine universalistische Bewegung gewesen war, sondern in Wirklichkeit die gefährlichste Feindin des Universalismus. Ihre positivistische Reduktion des Menschen auf die blinde Natur ersetzte die Menschheit durch das, was Nietzsche als »kluge Tiere« bezeichnen sollte – Objekte nicht der Würde, sondern der Beherrschung und des Besitzes, der Ausbeutung und der Versklavung. Gegen diese aufgeklärte Reduktion bestand Kant darauf, dass der Begriff der Menschheit abstrakt bleiben müsse: frei von jeder Beimengung biologischer, zoologischer, historischer und soziologischer Tatsachen. Eine solche metaphysische Menschheitsidee war spätestens seit den biblischen Propheten bekannt; was Kants Leistung zu einem epochalen Einschnitt machte, war seine Fähigkeit, die biblische Idee ins säkulare Denken zu übersetzen, ohne in religiösen Glauben oder eine wissenschaftliche Reduktion zurückzufallen. Bei Kant wurde die Idee der Menschheit erstmals als moralischer Begriff formuliert: Was Menschen menschlich macht, ist keine natürliche Eigenschaft, sondern ihre Freiheit, ihrer Verpflichtung auf moralische Gesetze zu folgen. Weil menschliche Lebewesen offen für die Frage sind, was sie tun sollen, sind sie selbst Subjekte von absoluter Würde.

Das Wort »absolut« ist nicht grundlos gewählt. Indem er die Idee der Menschheit als einen moralischen Begriff formulierte, übersetzte Kant nicht nur die biblische Auffassung von Pflicht, sondern er modernisierte die Idee, einem Gesetz zu folgen, das nicht von Menschen gemacht ist. Das Schicksal des Universalismus hängt am Schicksal dieser Konzeption: Nur ein Gesetz oder eine Wahrheit, die unabhängig von menschlichen Konventionen ist, ist universell in seinem oder ihrem *Geltungsbereich* und nicht relativ zu den Interessen, Wünschen und »guten Ideen« derjenigen, die über die Macht gebieten, in der menschlichen Gesellschaft Gesetze zu erlassen. Mehr noch: Nur ein solches Gesetz ist auch universell in seiner *Autorität* statt nur in seinem Geltungsbereich – es geht über die Legitimität menschlicher Vereinbarungen hinaus, die ja durchaus ungerecht sein können. In diesem Punkt wäre sich Kant mit den »Identitätslinken« einig: Scheitert die Modernisierung einer abstrakten Menschheitsidee und eines absoluten Gesetzesbegriffs, dann ist die Rede vom Universalismus Identitätspolitik für weiße Männer. Sie erlaubt es den Mächtigen, die Hülse einer entleerten moralischen Sprache auszunutzen, um ungerechte Machtstrukturen zu erhalten, die abzuschaffen dringend geboten ist. So wie die falschen Universalisten in Wirklichkeit ihre eigene Identitätspolitik verfolgen, hat leider auch die identitäre Linke mehr mit dem falschen Universalismus gemein, als sie sich gerne eingestehen würde. Antiuniversalistische Theorien neigen dazu, einen intellektuellen Bezugsrahmen zu entwickeln, in dem Rasse oder Geschlecht als biologische Begriffe dekonstruiert werden. Die entsprechenden Diskussionen konzentrieren sich darauf, die Aufklärung – oder Kant – als Erfinder der wissenschaftlichen Idee der Rasse zu überführen, und widmen sich Fragen wie der, ob Du Bois das biologische Verständnis jenes Konzepts völlig überwunden hat oder nicht, oder der, ob wir uns nur mit der biologischen »Bedeutung von Rasse« oder auch mit »ihrer Wahrheit« (und gegebenenfalls Falschheit) beschäftigen sollen.[13] Die dabei zugrunde gelegte Annahme lautet, dass die Menschheit im Gegensatz zu Rasse (oder Geschlecht) ein biologischer Begriff *ist*. Doch ist es kaum sinnvoll, einen entmenschlichenden Rassebegriff zu dekonstruieren, während man gleichzeitig die Zerstörung des Begriffs der Menschheit feiert. Der Kampf gegen systemische Ungerechtigkeit und falschen Universalismus kann nur im Namen des wahren Universalismus geführt werden. Und nicht im Namen der Identität.

Im Folgenden lese ich drei Texte neu: die amerikanische Unabhängigkeitserklärung, Kants Essay »Was ist Aufklärung?« und die alttestamentarische Erzählung von der »Opferung« oder, in der jüdischen Tradition, der »Bindung Isaaks«. Ich verfahre dabei nicht nach Art einer gelehrten Abhandlung, die sich in jedem Kapitel einen der Texte vornehmen würde. Ich will vielmehr ein Argument für den Universalismus entfalten, indem ich untersuche, wie diese Texte ineinandergreifen – als Monumente einer Tradition, die uns nahe steht, aber allzu oft missverstanden wird, weil in ihr die moralische Idee der Menschheit in ihrer Offenheit für eine absolute Pflicht noch lebendig war.

Die Unabhängigkeitserklärung ist der klarste politische Ausdruck jener Tradition. Das ist der Grund, warum sie von der Verkündung einer »selbstverständlichen« Wahrheit über den Menschen durch logisches Schließen zur Erklärung des Rechts auf Revolution voranschreitet – hier wäre eine Schlussfolgerung, die nicht aus einer bloßen »guten Idee« folgen kann. Die Geschichte des modernen Liberalismus von Dewey bis Rawls, von Rorty bis Lilla oder Lepore lässt sich als eine Geschichte von Intellektuellen erzählen, die sich nach dem Bürgerkrieg von der Unabhängigkeitserklärung abwenden. Wenn das zutrifft, dann besteht der Liberalismus, wie wir ihn kennen, oder das, was ich als falschen Universalismus bezeichne, in der Aufkündigung einer Erblinie, die 1776 begann, mit der Abolitionisten-Bewegung, Abraham Lincoln, Gettysburg und King weiterging und die nach wie vor nicht nur die Freiheit, sondern auch die Wahrheit als treibende Kraft des amerikanischen Traums betrachtete.

Kants Definition der Aufklärung als »Ausgang des Menschen aus seiner selbst verschuldeten Unmündigkeit« enthält die Grundlagen einer Neudefinition der Menschheit in moralischen statt biologischen Begriffen.[14] Die Unmündigkeit von Menschen kann nur deshalb selbstverschuldet sein, weil Mündigkeit oder das Vermögen, sich seines Verstandes ohne Leitung eines anderen zu bedienen, also selbst zu denken, eine *Aufgabe* ist, die vom Gebrauch unserer eigenen Freiheit abhängt – und keine Entwicklung, die auf naturgegebene

Weise sichergestellt wäre. Wie jedoch sowohl Kant als auch Tocqueville erkannten, ist Selbstdenken, die Zurückweisung der Autorität anderer, praktisch unmöglich, wo ein unabhängiger Gerechtigkeitsstandard durch einen menschlichen Konsens ersetzt worden ist. Moderne liberale Denker sind manchmal stolz darauf, alle unabhängigen Standards zu verwerfen und ihnen eine Idee von der Menschheit entgegenzusetzen, die »keinen Gehorsam gegenüber einer nichtmenschlichen Autorität kennt«.[15] Doch diese vermeintlich radikale demokratische Ersetzung einer höheren Gerechtigkeit durch bloße menschliche Autorität droht eine Tyrannei der Mehrheit zu schaffen, die Konformismus zur zweiten Natur macht. Paradoxerweise ist Selbstdenken, die Zurückweisung der Autorität anderer, nur möglich, indem man einem höheren Gesetz folgt, das nicht menschengemacht ist.

Die Bindung Isaaks wird hier nicht nur deshalb untersucht, weil diese Erzählung die größte Hürde für die Tradition des Gehorsams gegenüber einem höheren Gesetz zu bilden scheint. Die Auseinandersetzung mit dieser Geschichte ist notwendig, um ein hartnäckiges Missverständnis über den Ursprung des Universalismus im biblischen Monotheismus zu korrigieren. Nietzsche bietet eine einschlägige Formulierung dieses Missverständnisses: »Der Monotheismus«, schreibt er, »also der Glaube an einen Normalgott, neben dem es nur noch falsche Lügengötter giebt – war vielleicht die grösste Gefahr der bisherigen Menschheit«.[16] Auch für Freud erfüllte die monotheistische Idee, die den Juden von Mose – seiner Meinung nach kein jüdischer Prophet, sondern ein ägyptischer Priester – oktroyiert wurde, die westliche Kultur mit einem Universalismus, der nicht zuletzt die gewalttätigste Form einer intoleranten Religion sei.[17] Jan Assmann wiederum analysiert diese jüdisch-ägyptische Vorstellung als die »mosaische Unterscheidung« oder den »Preis« des Monotheismus: eine revolutionäre intellektuelle Neuerung, die eine absolute exklusive Wahrheit mit dem religiösen Denken verband und so unter anderem Gewalt und Ausschluss produzierte.[18] Die Nachwirkungen dieses Verdachts gegen den Monotheismus im modernen Denken lassen sich bis zu der Idee verfolgen, die liberale Toleranz – nicht nur in Bezug auf die Religion, sondern auch auf die Moral – stelle eine progressive Rückkehr vom jüdisch-ägyptischen Monotheismus zum toleranten Polytheismus dar.[19]

Diese Sichtweise impliziert jedoch ein schwerwiegendes Missverständnis des biblischen Monotheismus und damit des Universalismus. Mose ist nicht der Vater des Monotheismus – diese Rolle kommt Abraham zu –, und die Idee, dass es unter Ausschluss aller Pseudo-Gottheiten nur einen wahren Gott gibt, ist nicht die größte intellektuelle Leistung des Monotheismus. Die wichtigste Errungenschaft des biblischen Monotheismus ist das Bekenntnis zu einer exklusiv einzigen, wahren Gottheit – *um diese anschließend einer noch höheren, über ihr stehenden Gerechtigkeit zu unterwerfen*. Erst mit diesem Schritt ist die universalistische Bedeutung des Monotheismus und die absolute Idee der Menschheit, die aus ihr hervorgeht, verstanden. Mose, ob er nun Jude oder Ägypter war, ist diese Innovation völlig unbekannt. Das aber ist die Frage, die Abraham bei seiner Begegnung mit der Gottheit umtreibt. Es ist Abraham, der »Vater aller Völker« und der drei monotheistischen Religionen, der die einzig wahre Gottheit herausfordert: »Das sei ferne von dir, dass du das tust und tötest den Gerechten mit dem Gottlosen, sodass der Gerechte wäre gleich wie der Gottlose! Das sei ferne von dir! Sollte der Richter aller Welt nicht gerecht richten?«[20] Es gibt nur einen wahren Gott, doch die Autorität der universellen Gerechtigkeit steht über ihm.

Das Paradox liegt natürlich darin, dass wir bald darauf Zeuge werden, wie derselbe Abraham, der diese Worte spricht, den unmittelbaren göttlichen Befehl erhält, »deinen einzigen Sohn, den du lieb hast«, zu opfern, sprich zu ermorden. Und auf den ersten Blick verkörpert er das Modell des monotheistischen Glaubens, indem er Gottes Befehl über die Gerechtigkeit stellt – also das Universale zur Disposition stellt.

Kant ist der erste Denker in der modernen Geschichte, der Abrahams Gehorsam verurteilt. Da die Pflicht gegenüber der Menschheit universell ist, steht sie über der Autorität eines jeden Befehls, einschließlich eines Befehls der Gottheit. Wir werden sehen, dass Kants Verurteilung von Abraham lediglich Abrahams eigene monotheistische Innovation übersetzt, wenn man die Bindung Isaaks einmal verstanden hat. Der Ursprung des Universalismus im Monotheismus ist mit dem Blick auf Freuds Verhältnis zu Mose nicht zu verstehen; er muss über Kants Verhältnis zu Abraham untersucht werden. Dessen Idee der Menschheit und tatsächlich der Aufklärung gründet in der abrahamitischen Unterscheidung: Der absoluten Pflicht zu folgen, ist der Ursprung nicht des Gehorsams, sondern des Ungehorsams. Es gibt wirklich ein Gesetz, das nicht von Menschen gemacht ist, doch bleibt es fest in menschlichen Händen. Weil Menschen diesem Gesetz verpflichtet sind, hat kein Mensch je das Recht, zu gehorchen. Und das Lebewesen, das tatsächlich auf dieses Recht verzichtet, verlangt unsere absolute Achtung.

Omri Boehm
New York, im Juni 2022

[Ich] habe [...] klarzumachen versucht, daß es falsch ist, unmoralische Mittel anzuwenden, um moralische Ziele zu erreichen. Aber jetzt möchte ich fast behaupten, daß es genauso falsch oder noch falscher ist, moralische Mittel anzuwenden, um unmoralische Ziele zu erreichen.

Ich bin beinahe zu dem Schluß gekommen, daß das große Hindernis auf dem Wege des Schwarzen in die Freiheit nicht der Weiße Bürgerrat oder der Ku-Klux-Klan ist, sondern der gemäßigte Weiße, dem »Ordnung« mehr bedeutet als Gerechtigkeit.

Ein ungerechtes Gesetz ist kein Gesetz.

MARTIN LUTHER KING JR.

I.

DAS KAINSMAL

1.

Am 16. Oktober 1859 führte John Brown, ein weißer Abolitionist aus Connecticut, einen Überfall auf das Waffenarsenal des US-Heeres in Harper's Ferry, Virginia, an, nahm die Wachen gefangen und brachte das Depot unter seine Kontrolle. 23 weitere Männer waren an dem Angriff beteiligt: 16 Weiße, darunter drei seiner Söhne, drei schwarze Nordstaatler, ein flüchtiger sowie drei befreite Sklaven. Ihr Plan bestand darin, die 100.000 Musketen und Gewehre des Arsenals an Sklaven in den gesamten Südstaaten zu verteilen und einen Befreiungskrieg vom Zaun zu brechen. Als die Gruppe Harper's Ferry in ihre Gewalt brachte, waren mehrere ihrer Mitglieder bereits auf der Flucht vor der Justiz, und zwar aufgrund eines Ereignisses zwei Jahre zuvor: Zusammen mit seinen Söhnen und einigen weiteren Männern hatte Brown fünf führende Sklavereibefürworter in Kansas verschleppt und im später sogenannten Pottawatomie-Massaker hingerichtet.

Nach den üblichen Maßstäben scheiterte der Aufstand von Harper's Ferry. Am frühen Morgen des 18. Oktober stürmte eine Einheit der US-Marines das Arsenal, tötete sieben der Aufrührer und nahm Brown gefangen – kein einziges Gewehr gelangte in die Hände eines Sklaven. In einem anderen Sinn aber erreichte Brown mehr, als er sich je hätte vorstellen können. Vor dem Aufstand war der Widerstand gegen die Sklaverei überwiegend gemäßigt und gewaltlos. Er war nicht vom Gedanken der Gerechtigkeit bestimmt, sondern von dem, was man gerne als »vernünftige Politik« bezeichnet: Die Grenzen des Widerstands wurden durch das gezogen, was die weißen Nordstaatler zu tolerieren bereit waren; und was sie tolerierten, diktierten ihnen ihre kommerziellen und politischen Interessen. Bald nach John Brown jedoch vertraten die Abolitionisten ihre Sache nicht mehr tolerant, sondern radikal – nicht mehr friedlich, sondern gewaltsam. Der Bürgerkrieg sollte keine zwei Jahre nach Harper's Ferry ausbrechen, und die Historiker sind sich weitgehend einig, dass der Überfall seine »Generalprobe« darstellte.[21]

Während die Ereignisse in Harper's Ferry ihren Lauf nahmen, wurde in den nationalen Zeitungen breit über sie berichtet, wie auch über Browns Prozess und seine Hinrichtung. Von Kanzeln herab, auf öffentlichen Versammlungen und in Leitartikeln wurde Brown im ganzen Land – im Norden wie im Süden – als »fanatisch«, »wahnsinnig« und »irre« angeprangert.[22] Hatte es Brown den Titel eines Verräters eingetragen, dass er das Gesetz in die eigenen Hände nahm, so wurde es als Anzeichen von Wahnsinn verstanden, dass er die Autorität der universellen Gerechtigkeit über den Konsens stellte – und sie seinen Mitbürgern aufzuzwingen versuchte. Der Autor und Aktivist William Lloyd Garrison, einer der bekanntesten Sklavereigegner des Landes, verunglimpfte Brown als »töricht, unbeherrscht und offensichtlich geistesgestört«.[23] Abraham Lincoln, damals noch Präsidentschaftskandidat, kommentierte Browns

Hinrichtung mit den Worten: »Der alte John Brown ist gerade wegen Hochverrats hingerichtet worden. Wir haben dagegen nichts einzuwenden, auch wenn er sich mit uns darin einig war, die Sklaverei für falsch zu halten. Das aber kann Gewalt, Blutvergießen und Verrat nicht entschuldigen.«[24]

Ein Jahr zuvor hatte Lincoln an einer Reihe von Debatten über die Legitimität der Sklavenhaltung mit Stephen Douglas, einem Senator der Demokratischen Partei, teilgenommen. Die vielbeachteten Streitgespräche drehten sich um die Aussage der Unabhängigkeitserklärung, dass »alle Menschen gleich geschaffen sind«, und gingen als das große Medienereignis in die Geschichte ein, welches die amerikanischen Zeitungen als nationale Macht etablierte. Sie festigten auch Lincolns Status als Symbolfigur der Sklavereikritiker mit Ambitionen auf die Präsidentschaft. Seine Verurteilung Browns so kurz nach den Lincoln-Douglas-Debatten zeigt, dass die weißen Amerikaner zwar in der Frage der Sklavenhaltung gespalten waren, aber durch eine tröstliche Idee zusammengehalten wurden, die ihre nationale Einheit sicherstellte: Die Herrschaft des Gesetzes musste gewahrt bleiben. Nur dass diese nationale Einheit ebenso *ihre* Einheit wie die Herrschaft des Gesetzes *ihre* Herrschaft war – eine weiße Herrschaft, die dazu diente, Millionen von Frauen und Männern zu unterjochen, die wie Vieh importiert, gehandelt, gefoltert, vergewaltigt und versklavt worden waren.

Hier nun stellt sich die Frage nach dem radikalen Universalismus, und allem Anschein zum Trotz lässt sie sich nicht auf eine nach dem *Geltungsbereich* moralischer Normen reduzieren. Die allgemeine Anwendbarkeit von Begriffen wie Gut und Böse ist nur ein Teil der Frage und nicht einmal der schwierigste. Der tiefere Disput über die Unabhängigkeitserklärung fand nicht im gründlich vermarkteten intellektuellen Duell zwischen Lincoln und Douglas, sondern im stummen zwischen Lincoln und Brown statt. Beide waren sich darin einig, »die Sklaverei für falsch zu halten«, wie Lincoln sagte. Es fiel ihm leicht zu begrüßen, dass Jefferson »eine abstrakte Wahrheit, die für alle Menschen zu allen Zeiten gilt«, in die Erklärung aufgenommen hatte. Die größere Herausforderung betrifft die *Autorität* dieser universalistischen Aussage: Besitzt sie eine bedingungslose Geltung, die Vorrang vor ungerechten Gesetzen und Normen hat? Brown bejahte diese Frage, im Gegensatz zu Lincoln, der sich darin mit Douglas einig war. Wenn sich Progressive heute vom Universalismus abwenden und ihn als Maske im Dienst der Identitätspolitik »weißer Männer« anprangern; wenn sie ihn für eine von Natur aus gemäßigte Ideologie halten, die Ungerechtigkeit duldet, dann bieten sie einer Form von vermeintlichem Universalismus die Stirn, den auch Brown ablehnte. Doch während sie davon ausgehen, dass sich der Universalismus darin bereits erschöpfe, widersetzte sich Brown der Ungerechtigkeit aufgrund der Autorität eines radikalen Universalismus, einer Idee, von der er glaubte, sie sei biblischen Ursprungs und durch die Unabhängigkeitserklärung in die Politik eingeschrieben. Der Mann, den Du Bois als die größte »Inspiration, die Amerika Afrika schuldet«, bezeichnen sollte, kämpfte gewiss nicht im Namen der »Identität« für die Befreiung der Sklaven.[25]

Der Gegensatz zwischen gemäßigtem und radikalem Universalismus entspricht der Spaltung zwischen »Unionisten« und »Abolitionisten« in den amerikanischen Nordstaaten vor dem Bürgerkrieg. Die Unionisten glaubten, dass die Herrschaft des Gesetzes um jeden Preis gewahrt werden müsse. Die Vereinigten Staaten seien die Verkörperung der demokratischen Freiheit in der Weltgeschichte, daher müsse die Einheit, die diese Demokratie aufrechterhielt, gesichert bleiben, selbst um den Preis einer Duldung der Sklaverei. Ihr Gründungstext war die Verfassung der Vereinigten Staaten, die vor dem Bürgerkrieg und der Annahme des 13. Zusatzartikels das Recht der Sklavenhalter auf ihr Eigentum schützte – statt der unveräußerlichen Rechte jener Menschen, die dieses Eigentum waren. Für die Abolitionisten hingegen widersprach die Sklaverei zeitlosen metaphysischen Gerechtigkeitsprinzipien. Da für sie die Demokratie ihren Wert allein der Umsetzung dieser Prinzipien verdankte, musste die Sklavenhaltung beendet werden, selbst um den Preis, die Einheit Amerikas aufs Spiel zu setzen. Der zentrale Text für die Abolitionisten war kein Rechtsdokument wie die Verfassung, die der bereits erwähnte Garrison als einen »Bund mit dem Tod und einen Vertrag mit dem Totenreich« bezeichnete, sondern die Unabhängigkeitserklärung.[26] Aus den konkurrierenden Autoritätsansprüchen dieser beiden Dokumente – ein politischer gegenüber einem metaphysischen – ergibt sich die Frage nach dem Universalismus: Gipfelt er in der übergeordneten Autorität absoluter Gerechtigkeit und ihrem Vermögen, über menschliche Interessen, Gesetze und Verfassungen hinauszugehen, oder ist er auf die Autorität von Gesetzen beschränkt, die von Menschen gemacht werden und, ob sie nun gerecht oder ungerecht ausfallen, durch den Konsens vernünftiger Leute beschlossen werden?

II.

Für zwei der führenden Intellektuellen des Landes war die Antwort offensichtlich. Sie standen in dieser Frage auf der Seite Browns, nicht auf der von Lincoln und Douglas, und brachten dies in der rasch wachsenden »Öffentlichkeit« des Landes so laut wie möglich zum Ausdruck. Noch während Browns Prozess in vollem Gang war, hielt Ralph Waldo Emerson eine Rede in Boston, in der er ihn als Helden im wahren Sinne des Wortes und damit alles andere als verräterisch oder verrückt rühmte. In einem nach dessen Hinrichtung geschriebenen Essay fügte Emerson hinzu, Browns Heroismus mache seinen »Galgen so glorreich wie das Kreuz«.[27] Henry David Thoreau wiederum, der keine geringere amerikanische Ikone war, goss seinen Zorn über die Zeitungsredakteure des Landes aus. Regelmäßig denunzierten die Blätter Brown als »verrückt«, schrieb er, während »derselbe Tyrann vier Millionen Sklaven fest im Griff hält und eintausend vernünftige Redakteure, seine Helfer, sowohl das Land retten als auch ihre Schäfchen ins Trockene bringen!«[28]

Wenn Thoreau hier von einem Tyrannen spricht, bezieht er sich nicht nur auf die Sklavenhalter der Südstaaten. Thoreau kannte sehr wohl Alexis de Tocquevilles Warnung in *Über die Demokratie in Amerika*, dass die Freiheit des Landes in eine »Tyrannei der Mehrheit« auszuarten drohe. In einer Demokratie kann die Neigung, sich der gängigen Meinung anzupassen – und dadurch den öffentlichen Konsens statt der Gerechtigkeit zum Bewertungsmaßstab zu machen –, die Freiheit von innen viel stärker bedrohen als die Herrschaft eines Monarchen von außen.[29] Eine geistige Gefangenschaft hielt die Sklaven in ihrer Macht: Die Normen, die die Duldung der Sklaverei sogar unter ihren Gegnern ermöglichten, beruhten auf der Autorität des Konsenses – derselben Autorität, mit der als »fanatisch« und »geistesgestört« denunziert wurde, wer als Instrument der Gerechtigkeit handelte.

Für Thoreau wurde der opportunistische Konformismus der Zeitungsredakteure durch die Tatsache bewiesen, dass sie als Beleg für Browns Wahnsinn seine Behauptung anführten, er sei »berufen« worden. »Sie sprechen«, schrieb er, »als wäre es unmöglich, dass ein Mensch heutzutage ›von Gott berufen‹ sein könnte, um irgendein Werk zu verrichten«.[30] Eine seltsame Bemerkung: Ist es in unseren Tagen möglich, von Gott berufen zu werden? Thoreaus Kommentar zu verstehen heißt, eine Idee ernst zu nehmen, die einmal als Prophetie bekannt war, nämlich dass man einer höheren Berufung folgen kann. Die Zeitungsredakteure aber, so Thoreau, agierten als Propheten des Konformismus: »Frage nur den Tyrannen, wer der gefährlichere Gegner ist: der vernünftige Mann oder der Verrückte?«[31]

> Republikanische Redakteure, die genötigt sind, ihre Sätze für die Morgenausgabe fertig zu haben, und die gewohnt sind, alles im Zwielicht der Politik zu betrachten, drücken keine Bewunderung oder auch nur aufrichtiges Mitleid aus, sondern nennen diese Männer ›verblendete Fanatiker‹, ›irregeleitete Männer‹, ›verrückt‹ oder ›hirnris-

sig‹. Es zeigt, mit was für *vernünftigen* Redakteuren statt ›irregeleiteten Männern‹ wir gesegnet sind, die sehr wohl wissen, woher ihre Brötchen kommen.[32]

Auch für Emerson war die Rede vom »Konformismus« ein subtiler Hinweis auf das, was Tocqueville als Tyrannei der Mehrheit bezeichnet hatte, und sie ging für ihn Hand in Hand mit der Tolerierung der Sklaverei durch die Unionisten. Als Emersons Freund und späterer Biograph, Oliver Wendell Holmes Sr., die Abolitionisten als »Verräter an der Union« verleumdete, widersprach er ihm wütend: »[Was] die Union mit der Sklaverei betrifft, so wird keine mannhafte Person einen Tag verstreichen lassen, ohne sie zu diskreditieren, zu zersetzen & endlich zusammenbrechen zu lassen.«[33] Einer von Emersons Lieblingsautoren, der Prediger und Redner William Channing, hatte der unionistischen Duldung der Sklaverei mit einer frühen tocquevillschen Warnung vor dem Konformismus widersprochen: »Unsere Gefahr ist, dass wir das Gewissen anderer an die Stelle unseres eigenen setzen, dass wir unsere Fähigkeiten durch die Abhängigkeit von fremden Führern lähmen, dass wir von außen geformt werden, statt uns selbst zu bestimmen.«[34] Zwar lässt sich nur schwer beweisen, dass Channing jemals Immanuel Kant gelesen hat, Emerson aber hat es zweifellos getan, und der Zusammenhang zwischen seinem Widerstand gegen die Tyrannei des Konformismus und Kants Definition der Aufklärung ist faszinierend. Eine Verbindung von Kant und Tocqueville legt nahe, dass die Tolerierung der Sklaverei durch ein Scheitern der Aufklärung im eigentlichen Sinn des Wortes ermöglicht wird – nämlich durch das konformistische Unvermögen zu dem Mut, sich seines eigenen Verstandes zu bedienen. Emersons klassisch gewordener Essay »Selbstvertrauen« von 1841 versuchte, diese konformistische Tendenz mit dem Begriff des Genies zu durchbrechen: »Deinem eigenen Gedanken Glauben zu schenken, zu glauben, daß das, was für dein persönliches Herz wahr ist, für alle Menschen wahr ist, das ist Genius.«[35] Leicht zu übersehen: Kaum jemand in der amerikanischen Geschichte verkörperte dieses Ideal besser als John Brown. Ein Leser, der das nicht übersah, war Thoreau. Dass Brown Genie hatte, ist genau das, was er meinte, als er ihn als berufen statt geisteskrank feierte.

Am 2. Dezember, dem Tag von Browns Hinrichtung, schloss sich Victor Hugo dessen Verteidigern an. In seinem Exil auf der Insel Guernsey, in dem er infolge des Verratsvorwurfs gegen Napoleon III. saß, erfasste er zutreffend, dass es sich bei der Affäre nicht um eine innere Angelegenheit der Vereinigten Staaten handelte. Angesichts der Symbolkraft des Landes für aufgeklärte Politik machte die Affäre Brown dem universellen Humanismus einen historischen Prozess. »[E]s gibt etwas, das schrecklicher ist als Kain, der Abel erschlägt«, warnt er. »Das ist [George] Washington, der Spartakus erschlägt!« Ersterer ein Sinnbild der demokratischen Revolution; letzterer das Fanal befreiter Sklaven. »[M]ir scheint«, fährt er fort, dass am Tag von Browns Erhängung »ein Teil der Aufklärung der Menschheit verdunkelt würde, dass sogar die Ideen von Gerechtigkeit und Ungerechtigkeit an dem Tag verfinstert würden, der die Ermordung der Befreiung durch die Freiheit erleben sollte.«[36]

Diese Warnung verdient unsere Aufmerksamkeit. *Die*

Aufklärung der Menschheit, die Ideen von Gerechtigkeit und Ungerechtigkeit, werden verdunkelt, wenn wir die Ermordung der Befreiung durch die Freiheit erleben. Um diese Behauptung zu verstehen, müssen wir Hugos Vergleich zwischen Browns Hinrichtung und Kains Erschlagen des Abel ernst nehmen. Wir sollten die Parallele wörtlich nehmen, denn es ging um eine Grundfrage, als Brown zur Rechenschaft gezogen wurde. Wenn die Ursünde darin bestand, dass Adam und Eva die verbotene Frucht der Unterscheidung von »Gut und Böse« aßen, die zu ihrer Vertreibung aus dem Paradies führte und die Geschichte des anhaltenden Falls des Menschen einleitete, dann bildete Kains Mord an Abel mit seiner Entstellung der menschlichen Brüderlichkeit den ersten Akt innerhalb der Geschichte. Als Gott Kain nach dem Verbleib seines Bruders fragt, antwortet Kain mit einer eisigen rhetorischen Frage, deren Echo sich durch die Zeitalter zieht: »Soll ich meines Bruders Hüter sein?«[37] Die Frage schließt Kain nicht nur aus der menschlichen Bruderschaft aus. Die Tatsache, dass sie gestellt wurde, die schiere Möglichkeit der Frage, hinterlässt eine Narbe am Band der menschlichen *fraternité*.

Es war das Versprechen der Aufklärung, diese Narbe zu heilen. Durch die universalistischen Ideen von Gut und Böse sollte die Aufklärung ein Motor des Fortschritts werden (das heißt: der Umkehrung des Falls), indem sie die menschliche Brüderlichkeit wiederherstellt. Wenn Amerika als ein Symbol von Freiheit und Aufklärung die Befreiung untergräbt, dann ermordet die *liberté* die *égalité*. Es geht nicht so sehr darum, dass eine Ungerechtigkeit begangen würde, sondern dass der Begriff der Gerechtigkeit entstellt würde.

Wenn Freiheit nicht mehr ist als die konformistische Anpassung an die Interessen derer, die so frei sind, Kains Losung zu wiederholen – *soll ich meines Bruders Hüter sein?* –, dann verspricht die Aufklärung eher einen Betrug als Hoffnung. »Was hast du getan?«, fragt Gott Kain in der Genesis. »Die Stimme des Blutes deines Bruders schreit zu mir von der Erde.«[38] Wenn die amerikanische Union John Brown hingerichtet hat, weil er auf die Stimmen von Abels verdammten Brüdern hörte, statt dem allgemeinen Konsens zu gehorchen, dann tragen die Ideen von Freiheit und Gerechtigkeit selbst das Kainsmal.

III.

Vor 13 Jahren, als ich als junger Lehrassistent in Yale Philosophie zu unterrichten begann, las ich den Studenten und Studentinnen in meinen Kant-Seminaren als Erstes einen Satz vor und fragte sie, wie viele von ihnen diesem Satz zustimmen würden:

> *Folgende Wahrheiten erachten wir als selbstverständlich: daß alle Menschen gleich geschaffen sind; daß sie von ihrem Schöpfer mit gewissen unveräußerlichen Rechten ausgestattet sind; daß dazu Leben, Freiheit und das Streben nach Glück gehören …*

Ich wiederholte das Experiment zum Auftakt meiner Nietzsche-Vorlesung, und das Ergebnis war immer das gleiche: Sofort, um nicht zu sagen automatisch gingen alle Hände hoch. Unter den »Yalies«, einer Schar fast ausschließlich aus der amerikanischen »weißen Crème«, wie wir sie manchmal nannten – ihre Eltern waren Bankdirektoren, Senatoren, *New Yorker*-Redakteurinnen –, hatte niemand die geringsten Zweifel an den Wahrheiten, die 1776 von den Gründervätern verkündet worden waren. Oder wenn sie es taten, hielten sie damit hinter dem Berg. Natürlich war das Ganze eine pädagogische Falle. Nachdem sich das Seminar einstimmig zum Universalismus bekannt hatte, wurde es prompt mit der Frage nach dessen Quelle oder Begründung konfrontiert, also mit genau der Frage, die Kant zur selben Zeit umtrieb, als die Unabhängigkeitserklärung formuliert wurde. Wenn der universelle Humanismus über Autorität verfügt, dann warum? Was begründet die Wahrheiten, die im legendären zweiten Satz der Unabhängigkeitserklärung behauptet werden, oder gar ihre Selbstverständlichkeit? Ist es die Wissenschaft? Die Religion? Und wenn ihr das nicht beantworten könnt, ist eure Überzeugung dann um einen Deut besser als ein automatischer Konformismus oder blinder Glaube?

Es ist nicht leicht, eine klare Antwort auf diese Fragen zu geben. Eine völlig zufriedenstellende ist wohl nie gefunden worden. Deshalb erschien es mir sinnvoll, die Studentinnen und Studenten über diese angeblich selbstverständlichen Wahrheiten nicht nur vor der Beschäftigung mit Kant stutzig zu machen, sondern auch vor der mit Nietzsche. 13 Jahre später lese ich meinen Studierenden diesen Satz immer noch vor, heute an der New School for Social Research. Inzwischen aber geht kein Arm mehr hoch. Ein neuer Konformismus liegt in der Luft; es ist die Überzeugung, dass die Freiheit die Befreiung *zwangsläufig* ermordet. Die Studentinnen und Studenten wenden ein, dass Amerikas Gründerväter Sklavenhalter waren, dass Kant selbst ein Rassist war, dass *men* in »all men are created equal« buchstäblich Männer meint und nicht Menschen, und zwar ausschließlich weiße. Kurz gesagt, dass der aufgeklärte Universalismus bestenfalls eine verlogene Ideologie ist, die den Glauben an die weiße Überlegenheit duldet, und im schlimmsten Fall ein rassistisches Instrument, das die Europäer einsetzen, um zu kolonisieren, auszubeuten und zu versklaven. Sollte die eine oder andere meiner Studentinnen noch universalistische Werte befürworten, so trauen sich die wenigsten, es sich anmerken zu lassen. Die Aufklärung hat ihr Kainsmal durchaus nicht abgestreift. Gibt es eine Möglichkeit, die evidenten Aussagen der Unabhängigkeitserklärung zu retten?

Laut Präambel der Erklärung wurden wir von unserem »Schöpfer« mit unseren Rechten als Menschen ausgestattet – unmittelbar davor beziehen sich die Gründerväter auch auf den »Rang«, zu dem der »Schöpfer« (»Nature's God«) uns berechtigt. Doch aus der Perspektive der heutigen politischen Theorie ist es natürlich sinnlos, den Universalismus mit Gott zu begründen.

Die bekannteste Reaktion bestand darin, Gott durch die Natur zu ersetzen. Dieser Auffassung zufolge haben menschliche Lebewesen unveräußerliche *natürliche* Rechte: Von Natur aus haben Menschen ein Recht auf ihren Körper. Von Natur aus haben wir das Recht auf freie Meinungsäußerung. Diese Berufung auf die Natur klingt in modernen Ohren vielleicht überzeugender als die auf Gott, sie sollte es aber nicht, und nach dem Grund dafür muss man nicht lange suchen. Im Rahmen einer vormodernen, im weitesten Sinne aristotelischen Metaphysik kann es womöglich sinnvoll sein, sich auf die Natur zu berufen, um Rechte und Normen zu begründen. John Locke, der Vater des modernen Liberalismus, stimmte einer solchen Metaphysik noch zu, und es gibt keinen Zweifel daran, dass Jefferson, Washington, Adams, Madison und die anderen die Unabhängigkeitserklärung als einen Ausdruck seines *Second Treatise of Government* verstanden.[39] Folgt man ihnen in dem Gedanken, dass die Natur nach irgendeinem Telos oder nach göttlicher Absicht verfährt, die ihrerseits als gut verstanden wird, dann lässt sich die Natur auch als Quelle universeller Werte anführen. Der den Menschen innewohnende Wert kann dann von dem »Rang« abgeleitet werden, den sie in einer moralisch organisierten natürlichen Ordnung einnehmen: Wenn man ihre Rechte verletzt, verstößt man gegen den moralischen Zweck der Natur; dass das verwerflich ist, ist eine objektive Tatsache. Sobald man jedoch den teleologischen Naturbegriff aufgibt und ihn durch einen blinden Mechanismus als womöglich für die Aufklärung einzig gültiger Beschreibung der Natur ersetzt, wird der Gedanke von natürlichen Rechten so leer wie der Gedanke, die Menschen verdankten ihre Rechte unmittelbar Gott.[40]

Das Problem der Begründung des Universalismus lässt sich auch so begreifen, dass die universalistische Gerechtigkeit genau genommen gar nicht universell sein kann. Da der Universalismus eine These über Werte ist, hängt er in Wirklichkeit von der Existenz von Hierarchien und Exklusionen ab. Um auf sinnvolle Weise zu sagen, dass »jeder« gleich ist, muss man zu der Aussage bereit sein, dass jeder, der unter eine bestimmte Kategorie fällt (Menschen beispielsweise), mehr Rechte hat als wer oder was auch immer, der oder das nicht unter diese Kategorie fällt (Esel, Steine). Zu sagen, dass alles gleich ist, heißt zu sagen, dass nichts überhaupt einen Wert hat. An eben diesen Punkt hat die moderne Wissenschaft Ethik und Politik gebracht. Am 24. November 1859, in der kurzen Zeitspanne zwischen John Browns Verurteilung und seiner Hinrichtung, erschien Charles Darwins *Über die Entstehung der Arten* und revolutionierte das Verständnis des Menschen praktisch über Nacht. Zum ersten Mal reduzierte die Wissenschaft menschliche Wesen auf die blinde Evolution der Natur, eine Entwicklung, deren Konsequenzen Nietzsche bald darauf in dem Satz zusammenfassen sollte, dass »Leben etwas essentiell Unmoralisches *ist*«.[41] Sobald nicht einmal mehr uns Menschen ein einzigartiger »Rang« in der Natur zuerkannt werden kann, dehnt sich die Menge des Gleichen auf alles aus. In unserem »abgelegenen Winkel des [...] Weltalls«, wie Nietzsche es formuliert, auf jenem »Gestirn, auf dem kluge Thiere das Erkennen erfanden«, sind nicht nur alle Menschen gleich, sondern auch alle Tiere, Pflanzen und Steine.[42] Die Rede von unveräußerlichen Naturrechten wird damit entweder bewusst fiktional – bestenfalls eine edle Lüge – oder bedeutungslos. Die blinde Evolution stattet kluge Tiere mit allen möglichen Begierden, Kräften und Trieben aus, aber nicht mit natürlichen Rechten.

Anders gesagt: In gewissem Sinne ist ein vormodernes, metaphysisches Weltverständnis eine notwendige Voraussetzung des modernen Liberalismus. Sofern sie den Universalismus überhaupt bejahen, so bejahen atheistische und postmetaphysische Liberale ihn nicht nur ohne hinreichend rationale Grundlage; sie zehren vielmehr von einer Tradition, die sie ablehnen.[43] So gesehen ist es keine Überraschung, dass ihr Universalismus zur Scheinheiligkeit neigt, zu einer Politik, die nur in eine Sprache der Gleichheit als absoluter Norm eingebettet ist, sich aber an den Interessen der Mächtigen orientiert. Jürgen Habermas, lange Zeit ein »postmetaphysischer« Denker, der stolz darauf war, »religiös unmusikalisch« zu sein, zog sich den Ingrimm seiner säkularen Kolleginnen und Kollegen zu, als er in seinen »postsäkularen« Vorlesungen 2008 in Yale behauptete, dass moderne liberale Intellektuelle die Religion nicht nur tolerieren, sondern *ihr zuhören* sollten.[44] Manche religiösen Gehalte »entziehen« sich der Erklärungskraft philosophischer Sprache, wie er offen zugab, und »harren« in diesem Sinne noch der Übersetzung.[45] Was aber, wenn das, was der Übersetzung noch harrt, das ist, worauf die aufgeklärte Moderne stolz zu sein pflegte; was, wenn das, was sich der Übersetzung entzieht, die Idee des Universalismus selbst ist?

Würde man diese Frage aufwerfen, um säkulare Universalisten vom Glauben zu überzeugen, wäre sie selbstverständlich nutzlos. Säkulare Universalisten weigern sich nicht nur deshalb, an Gott oder die Teleologie zu glauben, weil sie sich einer derartigen Religiosität widersetzen. Und sie widersetzen sich ihr nicht, weil sie in der Religion ein illiberales oder undemokratisches Potenzial erblicken. Solche vormodernen Naturbegriffe werden abgelehnt, weil sie mit der Wissenschaft unvereinbar sind: Gott oder die Teleologie als Quelle von Werten zu akzeptieren, gilt zu Recht als irrational. Das aber vergrößert ihr – ich sollte sagen unser – Dilemma. Aus Sicht der Vernunft scheinen universalistische Behauptungen nicht nur nicht selbstverständlich, sondern ununterscheidbar von Schweigen zu sein.

IV.

Ein anderes Wort für dieses Schweigen ist Nihilismus. Man denkt bei diesem Ausdruck oft an Nietzsche, aber er geht auf die letzten Tage der Aufklärung hundert Jahre früher zurück. Geprägt hat ihn Friedrich Heinrich Jacobi, für den die Philosophie der Aufklärung zwangsläufig zu dem übergeordneten Naturalismus von Spinozas *Ethik* führen muss.[46] Bis vor Kurzem ging man für gewöhnlich davon aus, dass Spinozas Philosophie vergessen war, als sich das aufklärerische Denken entfaltete. Heute wissen wir, dass sich die Philosophen zwar lieber zwischen den Zeilen mit Spinoza auseinandersetzten, der Einfluss seiner Schriften aber allgegenwärtig war – die *Ethik* wurde »von einem abgefallenen Juden und dem Teufel in der Hölle geschmiedet«, wie ein besonders ungnädiger Kritiker meinte.[47] Spinozas unerbittlicher Rationalismus, der Gott auf die blinde Natur reduzierte und sämtliche teleologischen Erklärungen als irrational verwarf, gehörte die ganze Zeit über zu den mächtigsten Antriebskräften der Radikalaufklärung.[48]

Die Bedeutung dieses oft übersehenen historischen Details kann nicht hoch genug eingeschätzt werden. Es zeigt, dass die Moderne nicht Darwins *Über die Entstehung der Arten* brauchte, um die Stellung des Menschen in der Schöpfung auf den blinden Abgrund von Naturvorgängen zu reduzieren. Durch Spinoza verstand die Philosophie der Aufklärung diese nihilistische Reduktion zweihundert Jahre, bevor die Wissenschaft es tat; und durch Spinoza zog sie daraus moralische Konsequenzen ähnlich denen, die Nietzsche später ziehen sollte. Spinozas *Ethik* zufolge lautet eine selbstverständliche, mit der Gewissheit eines geometrischen Beweises gewusste Wahrheit, dass sich alles in der Natur mit blinder, logischer Notwendigkeit abspielt. Ein unabhängiger und universeller Maßstab der Gerechtigkeit kann daher das menschliche Denken in Spinozas *sub specie aeternitatis* so wenig leiten wie in Nietzsches abgelegenem Winkel des Weltalls. Tatsächlich versucht Spinoza, mit einer bewussten Anspielung auf die Geschichte von Adam und Eva Gut und Böse als irrationale Begriffe zu entlarven, die ähnlich wie eine intolerante Religion Gewalt fördern. Die Ethik der *Ethik* gipfelt in dem Satz, dass wir weder nach etwas »verlangen noch es begehren, weil wir es für gut halten, im Gegenteil, wir halten etwas für gut, weil wir [...] es begehren«.[49] Da ein Begehren immer *unser* Begehren ist, gehen aus diesem Begriff keine universellen moralischen Kategorien hervor; daher die Lehre, dass die Vernunft keine Pflichten, sondern Interessen impliziert, dass es keinen Unterschied zwischen dem Guten oder Gerechten und dem Mächtigen gibt.

So gesehen hätte die *Ethik* genauso gut den Titel *Jenseits von Gut und Böse* tragen können. Sie enthält nicht nur eine frühe Formulierung der »Umwertung aller Werte«, sondern auch den Gedanken, dass moralischer Universalismus eine Sklavenmoral ist: »Würden Menschen frei geboren«, schreibt Spinoza, »würden sie, solange sie frei blieben, keinen Begriff von gut und schlecht bilden«.[50] Solche freien Menschen sind »vernünftig«, während unvernünftige Menschen, die der Illusion objektiver und absoluter moralischer Normen folgen,

»Sklaven« sind. Wenn irgendeine biblische Erzählung für Spinoza eine tiefe Wahrheit ausdrückte, dann war es nicht der moralische Universalismus, den die Propheten lehrten, sondern die Doktrin, die »aus dem Sturm« überbracht wurde, als Gott Hiobs Ruf nach Gerechtigkeit zurückwies: »Wer ist's, der den Ratschluss verdunkelt mit Worten ohne Verstand? [...] Wo warst du, als ich die Erde gründete?«[51] Das Verlangen nach Gerechtigkeit wird in Gottes Worten fast buchstäblich als ignoranter Mangel an Aufgeklärtheit abqualifiziert. Die Realität einem universellen Gerechtigkeitsmaßstab zu unterwerfen – an dem, wenn er universell ist, auch Gott zu messen wäre –, wird als anthropomorpher Irrtum verspottet. Gott zu erkennen heißt zu erkennen, dass die Natur einfach nur *ist*. Dass Spinoza den revolutionären Ruf des Propheten nach Gerechtigkeit nicht übersetzte, sondern dekonstruierte, war der Grund, warum ihn nicht nur religiöse Autoritäten im 17. Jahrhundert wie die Portugiesische Synagoge Amsterdams, sondern auch ein liberaler jüdischer Denker wie Hermann Cohen mit den schärfsten Worten verurteilte. Er sah in Spinozas Philosophie einen »menschlich unbegreiflichen Verrat«.[52] Eine biblische Gestalt wie John Brown, die »berufen« ist, Sklaven im Namen einer ewigen Gerechtigkeit zu befreien, wäre für Spinoza wie für Nietzsche ein fanatischer Prophet der Sklavenmoral gewesen. Es ist kaum verwunderlich, dass Nietzsche in dem Juden aus Amsterdam einen Geistesverwandten erblickte. Die Unterschiede zwischen ihren Philosophien, bemerkte er, verdankten sich allein Unterschieden der »Zeit, der Cultur, der Wissenschaft«:

> Ich habe einen *Vorgänger* und was für einen! […] in fünf Hauptpunkten seiner Lehre finde ich mich wieder […]: er leugnet die Willensfreiheit –; die Zwecke –; die sittliche Weltordnung –; das Unegoistische –; das Böse […]. In summa: meine Einsamkeit, die mir, wie auf ganz hohen Bergen, oft, oft Athemnoth machte und das Blut hervorströmen ließ, ist wenigstens jetzt eine Zweisamkeit. – Wunderlich![53]

Nur ist die von Nietzsche entworfene naturalistische Position durchaus nicht die einer Zweisamkeit, sondern die Erbschaft der aufgeklärten Moderne. Und in dieser Kontinuität zwischen Spinozas Naturalismus und Nietzsches Darwinismus ist ein verbreiteter Irrtum zu korrigieren: Der Universalismus ist nicht die Erbschaft des aufgeklärten Denkens. Es ist der Rationalismus der Aufklärung – nicht der Antirationalismus der Gegenaufklärung oder der Postmoderne, die auf sie folgte –, der den Universalismus am entschiedensten herausfordert. Das ist auch der Grund, warum sie das Kainsmal trägt: Wenn die Philosophie der Aufklärung eine Ideologie der Interessen und der Macht vertrat, wenn sie die europäischen Versklaver und Kolonialisten ermöglichte und unterstützte, kurzum, wenn die Aufklärung die Befreiung mordete, dann nicht, weil sie den Universalismus behütete (geschweige denn erfand), sondern weil sie ihn untergrub.

V.

Das ist die Krise, auf die Kants philosophische Revolution eine Antwort geben sollte. Wenn antiuniversalistischer Nihilismus die Konsequenz aus dem aufgeklärten Rationalismus ist, dann hätte Kants *Kritik der reinen Vernunft* genauso gut *Kritik der Aufklärung* heißen können. Sein Versuch, den Universalismus vor der Aufklärung zu retten, erfolgt in zwei Hauptschritten; sie entsprechen Kants Behauptung zu Beginn der *Kritik*: »Ich mußte also das *Wissen* aufheben, um zum *Glauben* Platz zu bekommen […].«[54] Das ist einer der bekanntesten Sätze aus Kants Werken, der mit seiner Betonung des Glaubens im Gegensatz zum Wissen moderne Leserinnen und Leser allerdings in Verlegenheit bringt. Was bedeutet er?

Zunächst zur Aufhebung des Wissens: Kant hielt es für notwendig, den Geltungsbereich des aufklärerischen Naturalismus zu begrenzen, weil er sah, dass dieser zu einem spinozistischen Nihilismus führen würde: »Der Mensch wäre Marionette, oder ein […] Automat«.[55] Aus einer solchen antihumanistischen Perspektive wäre die Freiheit, moralischen Empfindungen zu folgen, »bloße Täuschung«.[56] Aufgeklärte Philosophen, klagt Kant, »hätten mehr ihre Verschmitztheit als Aufrichtigkeit darin bewiesen, daß sie diesen schwierigen Punkt so weit wie möglich aus den Augen brachten, in der Hoffnung, daß, wenn sie davon gar nicht sprächen, auch wohl niemand leichtlich an ihn denken würde«.[57] Es war nötig, dem aufgeklärten Rationalismus die Flügel zu stutzen, um zu verhindern, dass er sich in eine Form von positivistischem Antihumanismus verwandelt, weil ohne eine solche Aufhebung des Wissens »nur allein der *Spinozism* übrig bleibt«.[58]

Kants Vernunftkritik ist am besten im Vergleich mit Spinozas Werk zu begreifen. Im *Theologisch-politischen Traktat* drängt Spinoza darauf, dem aufgeklärten Rationalismus Raum zu schaffen, indem er die Methode der Bibelkritik begründet: Systematisch hinterfragt er die Autorität des Glaubens, indem er die angebliche Wahrheit der biblischen Offenbarung einer rationalen Überprüfung unterzieht. Die Bibel sollte wie jeder andere Text studiert werden, als Schöpfung der Autoren, die sie verfassten, und nicht als Ausdruck einer prophetischen Autorität. In diesem Punkt war sich Kant mit Spinoza natürlich einig; nur dachte er, dass das, was Spinoza mit der biblischen Erzählung machte, auch mit der Vernunft unternommen werden müsse: Auch ihre Autorität war zu hinterfragen. Andernfalls würde der Rationalismus selbst zu einer Form von despotischer Autorität, die die Aufklärung unterminiert. In diesem Sinne fungiert die *Kritik der reinen Vernunft* als ein *Theologisch-politischer Traktat*. Sie enthält keine Bibelkritik, sondern Vernunftkritik – zur Verhinderung einer mechanistischen Vernunftreligion. »Durch diese [Kritik] kann nun allein«, schreibt Kant, »dem *Materialismus, Fatalismus, Atheismus,* dem freigeisterischen *Unglauben*, der *Schwärmerei* und *Aberglauben*, die allgemein schädlich werden können, [...] selbst die Wurzel abgeschnitten werden«.[59] Diese drohenden Folgen des Rationalismus der Aufklärung betreffen mithin nicht nur die Gelehrtenwelt, sondern die Allgemeinheit und untergraben deren politische Bestrebungen.

Das Buch gipfelt in Kants Behauptung, dass der Naturalismus zu keiner kohärenten Beschreibung der gesamten Wirklichkeit in der Lage ist: Sobald man den positivistischen Naturalismus für eine durchgängige Beschreibung von allem hält, zerfällt er in »Dunkelheit und Widersprüche«, also das Gegenteil von Aufklärung.[60] Nicht zuletzt weil die Autorität der Wissenschaft von der Autorität des Denkens abhängt, untergräbt eine wissenschaftliche Reduktion des Denkens auf blinde mechanistische Prozesse die Autorität der Wissenschaft selbst. Sie reduziert Erkenntnis auf einen Mythos oder, wie Nietzsche später von Darwin ableiten sollte, auf ein »bewegliches Heer von Metaphern«, in dem Wahrheiten »Illusionen« sind, »von denen man vergessen hat, dass sie welche sind«.[61] Die Autorität der aufgeklärten Wissenschaft lässt sich deshalb nur aufrechterhalten, wenn man ihre notwendigen Grenzen kritisch herausarbeitet und dabei zeigt, dass das menschliche Denken außerhalb ihres Zuständigkeitsbereichs bleibt. Hundert Jahre vor Darwin wusste Kant genau, warum die Wissenschaft das menschliche Denken nicht zu einem Erkenntnisobjekt machen kann und soll.

Diese Beschränkung des Wissens schuf wiederum »zum *Glauben* Platz«. Die Versuchung liegt nahe, »Glauben« in diesem Kantischen Satz für einen mäßigenden Schritt zur Zensur des radikalen Potenzials der säkularen Moderne zu halten, und so haben Leser jenen Satz zweifellos über Generationen interpretiert.[62] Dieser Versuchung sollte man jedoch widerstehen. Glaube ist für Kant alles andere als eine Form konservativer oder gehorsamer Unterwerfung; er bildet sich vielmehr als Gegenmittel gegen jede Form von illegitimer Autorität oder Macht heraus. Kant hätte die *Kritik der reinen Vernunft* mit der Ankündigung eröffnen können, dass er »das *Wissen* aufheben« musste, »um zum *Denken* Platz zu bekommen« – und zwar Denken im stärksten Sinne des Wortes: die Wahrheit jenseits von Faktenwissen zu erkennen, auf neue Ideen jenseits des Konformismus zu kommen, die Pflicht zur Gerechtigkeit jenseits von Interessen und Konsensen anzuerkennen, radikale Hoffnung jenseits der Ergebung in den Status quo zu schöpfen. Keine fremde Autorität begrenzt bei Kant das Denken, nicht die Religion, nicht die Wissenschaft, nicht der Staat und, wie wir noch sehen werden, nicht einmal Gott. Und die Fähigkeit, frei zu denken – selber zu denken – ersetzt Gott oder die Natur als Grundlage des radikalen Universalismus.

Um Kants Manöver zu verstehen, ist es hilfreich, sich auf sein Verständnis von »Unmündigkeit« in »Was ist Aufklärung?« zu konzentrieren. Der Essay beginnt mit den berühmten Sätzen:

> *Aufklärung ist der Ausgang des Menschen aus seiner selbst verschuldeten Unmündigkeit. Unmündigkeit* ist das Unvermögen, sich seines Verstandes ohne Leitung eines anderen zu bedienen. *Selbstverschuldet* ist diese Unmündigkeit, wenn die Ursache derselben nicht am Mangel des Verstandes, sondern der Entschließung und des Muthes liegt, sich seiner ohne Leitung eines andern zu bedienen. Sapere aude! Habe Muth dich deines *eigenen* Verstandes zu bedienen! ist also der Wahlspruch der Aufklärung.[63]

Der Gedanke einer »selbstverschuldeten« Unmündigkeit oder Unreife ist die Achse, um die sich Kants Revolution dreht. Bei Tieren ist Reife das Resultat einer natürlichen Entwicklung. Ein Vogel wird unweigerlich lernen zu fliegen, ein Gepard Geschwindigkeit entwickeln, und so verhält es sich bei allen Tieren: Solange sie nicht durch äußere Einflüsse daran gehindert werden, wachsen sie auf natürliche Weise zu reifen Vertretern ihrer Art heran. Für Menschen aber hat Reife eine andere Bedeutung. Sie ist nicht davon zu trennen, dass man Verantwortung übernimmt, eine Leistung, die von der Fähigkeit zum selbständigen Denken abhängt und alles andere als selbstverständlich ist.[64] Gesunde Erwachsene scheitern mitunter daran. Gesellschaften können es fördern oder behindern, dass Menschen selbst denken. Die eigenen menschlichen Fähigkeiten zu entfalten, ist keine natürliche Folge des menschlichen Daseins, sondern eine Aufgabe für Individuen wie Gruppen.

Indem er den Begriff der Mündigkeit in den Mittelpunkt des Aufsatzes von 1784 stellte, machte Kant folglich die Frage *Was ist der Mensch?* zum Schlüssel der Beantwortung der Frage *Was ist Aufklärung?* Und indem er aufzeigte, dass menschliche Mündigkeit von Verantwortung abhängt, sagte er uns zwar nicht wirklich, was Menschen sind, sondern vor allem, was sie nicht sind: Sie sind keine Naturgeschöpfe. Der Mensch kann genauso wenig als biologische Art verstanden werden wie als zoologischer, historischer, anthropologischer oder soziologischer Begriff. Und auch eine darwinistische Wissenschaft würde die Menschheit nicht auf die blinde Evolution reduzieren – zu glauben, dass sie es überhaupt könnte, heißt schon, den Begriff als einen biologischen misszuverstehen. Menschheit kann nur ein moralischer Begriff sein.

Zu sagen, dass Menschheit nur ein moralischer Begriff sein könne, heißt darauf zu insistieren, dass sie nur von einer Eigenschaft abhängt: der Freiheit. Während Tierarten durch biologische Tatsachen über ihre Körper definiert sind und das, wozu reife Tiere in der Lage sein sollen, durch die empirische Erforschung dessen erkannt werden kann, wozu sie in der Lage sind, sind Menschen durch mehr definiert als konkrete Fakten, die ihre Identität und ihr Handeln bestimmen. Sie sind frei, weil nicht nur Ursachen, sondern auch Gründe und Rechtfertigungen ihr Verhalten bestimmen können. Nicht nur ihre Interessen, auch ihr moralisches Empfinden kann sie veranlassen, etwas zu tun. Ihre Menschlichkeit besteht in dem Umstand, dass im Unterschied zu natürlichen Arten die Frage, *wer* sie sind, nicht auf die Frage, *was* sie sind, reduziert werden kann. Sie hängt nicht davon ab, was sie tun oder wie sie leben, sondern davon, dass sie für den Ruf nach dem offen sind, was sie tun *sollten*. Heute ist oft von Tierrechten die Rede, wobei nicht so sehr die Aufwertung von Tieren zu Subjekten, sondern die antikantianische Reduktion von Menschen auf Tiere vorausgesetzt wird. Doch während es sinnvoll geworden ist, von Tierrechten zu sprechen, ergibt die Rede von Tierpflichten keinen Sinn.

Diese Kantische Unterscheidung zwischen Sein und Sollen ist uns höchst vertraut, sie wird aber oft missverstanden. Auch Kants Freunde haben häufig zu diesem Missverständnis beigetragen, weil sich die Trommel für sein Denken leichter rühren ließ, wenn man die starke Metaphysik herunterspielte, die ihm zugrunde liegt. Nur die abstrakte Idee einer von der Natur unabhängigen Menschheit verleiht Menschen den Respekt, über den sie gebieten. Anders als Naturgeschöpfe, die einer zwecklosen Natur angehören, sind Menschen frei, moralische Zwecke zu verfolgen. Deshalb sollten sie selbst kategorisch als Zwecke und nie als bloße Mittel behandelt werden. Sie haben nicht einfach nur

Wert – wie ihn Dinge dadurch erlangen können, dass sie benutzt werden. Sie verfügen vielmehr über eine Würde, die »über allen Preis erhaben«, also absolut ist. Wie Kant in der *Grundlegung zur Metaphysik der Sitten* erklärt:

> [A]lles [hat] entweder einen *Preis*, oder eine *Würde*. Was einen Preis hat, an dessen Stelle kann auch etwas anderes als *Äquivalent* gesetzt werden; was dagegen über allen Preis erhaben ist, mithin kein Äquivalent verstattet, [...] hat nicht bloß einen relativen Werth, d. i. einen Preis, sondern einen innern Werth, d. i. *Würde*.
>
> Nun ist Moralität die Bedingung, unter der allein ein vernünftiges Wesen Zweck an sich selbst sein kann, weil nur durch sie es möglich ist, [frei] zu sein. Also ist Sittlichkeit und die Menschheit, so sie derselben fähig ist, dasjenige, was allein Würde hat.[65]

Die Sklaverei ist die paradigmatische Verletzung dieses absoluten Grundsatzes, weil sie auf der systematischen Reduktion von Menschen auf bloße Mittel basiert. Diese Institution im Namen irgendeines Umstands oder Wertes (wie Wohlstand, Ordnung, Frieden oder demokratischer Konsens) zu dulden, macht nicht nur eine Ungerechtigkeit zur Normalität, sondern zerstört die Grundlage der Gerechtigkeit. Keine Verfassung, Gesetzgebung oder politische Ordnung, die die Sklaverei schützt, kann über legitime Autorität gebieten, weil sie die Grundvoraussetzung aller Werte und damit das Fundament jeglicher Autorität auflöst. Es ist daher keine Überraschung, dass Kant in dem zitierten Absatz eine Zurückweisung der Sklaverei – Menschen können keinen »Preis« haben – als unmittelbare Konsequenz des kategorischen Imperativs annimmt.

Hat man Kants Argument verstanden, dann zeigt es, dass Würde, Abstraktion, Universalismus und Autorität untrennbar miteinander verbunden sind. Würde hängt von Freiheit ab, die das Vermögen ist, nicht durch konkrete Tatsachen bestimmt zu sein. Sie kann deshalb nur abstrakt sein. Da sie abstrakt ist, ist ihr Geltungsbereich universell und schließt alle ein. Aus demselben Grund ist sie auch kategorisch, das heißt von universeller Autorität: Kein Umstand und keine Erwägung kann sie je überlagern oder untergraben. Kants Verankerung des Universalismus im abstrakten Begriff der Menschheit gewinnt die Verpflichtung auf ein höheres Gerechtigkeitsprinzip zurück. Universelle Normen beziehen sich auf Menschen, gehen aber über jede menschliche Autorität hinaus.

Das wiederum ist die Grundlage des Glaubens, für den Kants Aufhebung des Wissens Platz geschaffen hatte. Sie drückt seine kopernikanische Wende als eine Revolution im eigentlichen Sinne des Wortes aus, weil sie eine absolute Autorität umstürzt und durch eine andere ersetzt: Wir akzeptieren die Autorität der Gerechtigkeit nicht, weil Gott es uns befiehlt; vielmehr glauben wir, weil wir angesichts der Forderung der Gerechtigkeit eine bedingungslose Autorität anerkennen, die nicht von Menschen gemacht worden sein könnte.[66]

Für Kant ist es Hiobs Forderung nach Gerechtigkeit – seine Verurteilung Gottes als ungerecht – und nicht Gottes Antwort auf diesen Vorwurf aus dem Sturm, die die tiefe Einsicht des biblischen Glaubens offenbart und nach einer philosophischen Übersetzung verlangt. Wie Kant schreibt, »bewies [Hiob], daß er nicht seine Moralität auf den Glauben, sondern den Glauben auf die Moralität gründete«.[67] Bemerkenswerterweise bestätigt auch Gott, Hiob habe »recht von mir geredet«.[68]

Tatsächlich bringt die biblische Erzählung die Bedeutung von Kants moralisch begründetem Glauben noch kühner in der Gestalt Abrahams zum Ausdruck. Nachdem er erfahren hat, dass Gott im Begriff steht, die Städte Sodom und Gomorra mit all ihren Bewohnern zu vernichten, wendet er sich protestierend an Gott: »Willst du denn den Gerechten mit dem Gottlosen umbringen? [...] Das sei ferne von dir, dass du das tust und tötest den Gerechten mit dem Gottlosen, sodass der Gerechte wäre gleich wie der Gottlose! Das sei ferne von dir! Sollte der Richter aller Welt nicht gerecht richten?«[69] In dieser Ansprache ist Abraham, der sich seiner menschlichen Endlichkeit nur zu bewusst ist (»wiewohl ich Erde und Asche bin«, wird sein nächster Satz enden), berufen – das heißt er handelt als ein Prophet –, wenn er auch nicht in irgendeinem bekannten Sinn des Wortes von Gott berufen ist. Abraham verkörpert eine eigenartige Form von Prophetie, die zugleich ein radikalerer Ausdruck dieses Begriffs und moderner ist: Da die Gerechtigkeit universell ist, steht sie nicht nur über der irdischen Autorität von Königen, wie man es von anderen Propheten kennt, sondern auch über der Autorität der einen wahren Gottheit.

Die zentrale Innovation des biblischen Monotheismus liegt so gesehen nicht allein in der Einführung einer intoleranten mosaischen Unterscheidung, wie Assmann übereinstimmend mit Freud (sowie mit Nietzsche und Spinoza) behauptet – dem Gedanken, dass dieser Gott der wahre ist und andere es nicht sind. Sie besteht vielmehr in der Entdeckung einer abrahamitischen Unterscheidung: Diese Gerechtigkeit ist die wahre, und alle anderen sind es nicht; deshalb steht sie auch über der Autorität der einzigen wahren Gottheit. Genau genommen erweist sich Abrahams Monotheismus in dieser moralischen Rede gegen Gottes Ungerechtigkeit als das genaue Gegenteil von Moses Monotheismus, der dem Volk das von Gott auferlegte, geschriebene, angeblich universelle Gesetz vom Berg Sinai herabbringt. Mose drückt damit die Vorstellung aus, dass die universalistische Moral auf der Autorität der einen Gottheit beruht. Abrahams Punkt ist, dass eine universalistische Moral nur über der Gottheit stehen kann. Kant wusste höchstwahrscheinlich nicht, dass Hiobs Glaube, seine Forderung nach Gerechtigkeit, dem Vorbild Abrahams folgt. Als Hiob gegen Ungerechtigkeit protestiert, fragt er, »wer stellte sich ihm entgegen und blieb unversehrt?«[70] »Er bringt den Schuldlosen um wie den Schuldigen (תם ורשע).«[71] »Wer will zu ihm sagen: Was machst du? (מה תעשה?)«.[72]

Diese rhetorische Frage spielt implizit, aber unmissverständlich auf einen Text an, in dem sie eine Antwort gefunden hatte. Abraham widersprach Gott und sagte ihm genau das – »Das sei ferne von dir, dass du das tust (מעשות כדבר הזה)« –, und so konnte er ihn davon abhalten, »den Gerechten mit dem Gottlosen (צדיק ורשע)« zu vernichten.[73] Diese seine Fähigkeit, Gottes Autorität auf der Grundlage der universellen Gerechtigkeit zu widersprechen, war ihrerseits der Grund dafür, dass Abraham zum Vater aller Nationen wurde. Gott hatte Abraham überhaupt nur von seiner Absicht, die Stadt

Sodom zu zerstören, wissen lassen, da »alle Völker auf Erden in ihm gesegnet werden sollen. Denn dazu habe ich ihn auserkoren, dass er seinen Kindern befehle und seinem Hause nach ihm, dass sie des Herrn Wege halten und tun, was recht und gut ist«.[74] Universeller Geltungsbereich und universelle Autorität gehen Hand in Hand.

Wenn sich Kant trotz dieser Rede nicht Abraham, sondern Hiob zum Glaubensvorbild nimmt, dann deshalb, weil Abraham zumeist nicht für diese erstaunliche kantianische Szene in Sodom, sondern für die Bindung oder gar Opferung Isaaks erinnert wird.[75] In dieser Begebenheit stellt Gott Abraham und den Monotheismus auf die Probe, indem er verlangt, dass der Vater seinen »einzigen Sohn, den du lieb hast«, opfere, und Abraham hält der Prüfung angeblich stand, indem er sich fügt. Sein Modell des monotheistischen Glaubens ist folglich berühmt dafür, das brutale Gegenteil des Kantischen darzustellen – ein Modell, in dem, wie Kierkegaard sagen sollte, sowohl die Gerechtigkeit als auch das »Universale« überwunden werden. Ich komme im dritten Kapitel auf die Bindung Isaaks zurück. Für den Moment genügt die Beobachtung, dass Kant aufgrund seiner kopernikanischen Wende zum ersten Denker in der Geschichte wird, der Abrahams Gehorsam ausdrücklich verurteilt, und dass diese Verurteilung vom selben Glauben abgeleitet werden könnte, den Abraham bereits in Sodom verkörperte und den Hiob wiederholt. »Abraham«, sagt Kant, »hätte auf diese vermeinte göttliche Stimme antworten müssen: ›Daß ich meinen guten Sohn nicht tödten solle, ist ganz gewiß; daß aber du, der du mir erscheinst, Gott sei, davon bin ich nicht ganz gewiß und kann es auch nicht werden‹, wenn sie auch vom (sichtbaren) Himmel herabschallte.«[76]

Ein Leser, der die politische Bedeutung dieser Position erfasste, war Heinrich Heine. Er sprach von Kants »weltzermalmenden Gedanken« und nannte die *Kritik der reinen Vernunft* das »Schwert«, mit dem Gottes Autorität gestürzt wurde: Robespierre mag einem König den Kopf abgeschlagen haben; Kant schlug keinen Kopf ab, sondern eine ganze Denkweise, sodass seine Revolution, recht verstanden, »an Terrorismus den Maximilian Robespierre weit übertraf«.[77]

Wenn wir auf die Unabhängigkeitserklärung zurückkommen, so erscheint diese Bemerkung zutreffend. Sofern wir ihre selbstverständlichen Wahrheiten als die Lockeschen Lehrsätze begreifen, als die Jefferson et al. sie meinten, läuft sie ins Leere. Doch wie Kant einmal sagte, können wir einen Autor »besser […] verstehen, als er sich selbst verstand«, und die Unabhängigkeitserklärung ist ein Paradebeispiel dafür.[78] Als kantianisches Dokument interpretiert, gewinnt ihr Universalismus seine ursprüngliche revolutionäre Bedeutung zurück: Da die Wahrheiten, die sie verkündet, absolut sind, stehen sie über jeder menschlichen Abmachung oder Regierung, ob despotisch oder demokratisch.

Dass hierin ihre ursprüngliche Bedeutung liegt, wird klar, wenn wir uns den zweiten Satz der Präambel genauer ansehen. Er ist deutlich länger als der Teil, den üblicherweise jeder Amerikaner und jede Amerikanerin auswendig kennt:

> Folgende Wahrheiten erachten wir als selbstverständlich: daß alle MENSCHEN *(men)* gleich geschaffen sind; daß sie von ihrem Schöpfer mit gewissen unveräußerlichen

Rechten ausgestattet sind; daß dazu Leben, Freiheit und das Streben nach Glück gehören; daß zur Sicherung dieser Rechte Regierungen unter den Menschen eingerichtet werden, die ihre rechtmäßige Macht aus der Zustimmung der Regierten herleiten; daß, wenn irgendeine Regierungsform sich für diese Zwecke als schädlich erweist, es das Recht des Volkes ist, sie zu ändern oder abzuschaffen und eine neue Regierung einzusetzen und sie auf solchen Grundsätzen aufzubauen und ihre Gewalten in der Form zu organisieren, wie es zur Gewährleistung ihrer Sicherheit und ihres Glücks geboten zu sein scheint.

Der vollständige Satz weist deutlich die Struktur eines Arguments, eines logischen Schlusses auf, zu dem der berühmte erste Teil nur die Prämisse ist.[79] Ich hebe im Folgenden die einzelnen Teile des Syllogismus durch Semikola voneinander ab:

a. Alle MENSCHEN sind gleich geschaffen;
b. Regierungen werden eingerichtet, um ihre gleichen Rechte zu sichern;
   ergo
c. wenn irgendeine Regierung diese Rechte untergräbt, folgt daraus das Recht, das Gesetz abzuschaffen und sich zu erheben.

Das Argument ist logisch gültig, das heißt die Schlussfolgerung – das Recht auf Revolution – folgt aus den Prämissen. Seine Schlüssigkeit hängt von der Stärke der ersten Prämisse ab, und diese Prämisse ist der radikale Universalismus selbst: der Gedanke, dass die letzte Autorität bei der Wahrheit liegt. Würde diese Wahrheit bestritten oder hinge sie von der Autorität einer menschlichen Vereinbarung ab, dann ergäbe sich kein Recht auf Revolution. Deshalb muss die Prämisse eine absolute Wahrheit über Menschen aussagen – nicht über Bürger, nicht über »das Volk«. Hier ist ein subtiler, aber wichtiger Punkt: Die *Bedeutung* der Behauptung, dass alle Menschen gleich geschaffen seien, ist ohne das Ende des Satzes nicht zu verstehen, der das Recht auf Revolution aus einer selbstverständlichen Wahrheit ableitet. Der universelle Geltungsbereich und die universelle Autorität dieser Wahrheit sind wörtlich zu nehmen.

Zyniker mögen diese kantianische Verteidigung der Erklärung mit dem Hinweis darauf verwerfen, dass Jefferson selbst ein Sklavenhalter aus dem Süden war und dass sich seine Rede von »*men*« sehr wohl auf konkrete Fakten über sie bezieht – gemeint seien ausschließlich weiße Männer. Dieser Denkfehler ist heute weitverbreitet und muss unbedingt korrigiert werden; seine Wurzeln sind tiefer und schädlicher als gemeinhin angenommen. Der erste, der sich diese Absurdität ausgedacht hat, war der oberste Bundesrichter Roger Taney, der in seiner Dred-Scott-Entscheidung 1857 befand, dass die US-Verfassung keine schwarzen Bürger schütze, weder freie noch versklavte. Stephen Douglas wiederholte dieselbe Auffassung in seinen Debatten mit Lincoln. Letzterer klagte, vor Dred Scott habe kein Mensch »auf der ganzen Welt gesagt, dass die Unabhängigkeitserklärung in der Wendung ›alle Menschen‹ keine Schwarzen einbezieht«, danach aber »ist dies zum Schlagwort der gesamten [Demokratischen] Partei geworden«.[80] Lincoln wurde nicht müde zu betonen, dass vor der Gerichtsentscheidung nicht einmal der schlimmste weiße Rassist die Einbeziehung der Schwarzen in »alle MENSCHEN« bestritten habe. Im Gegenteil: In dem Bewusstsein, dass es sich so verhält, hätten sich die Rassisten vehement gegen die Unabhängigkeitserklärung gewandt.[81] John Calhoun, der Chefideologe der Südstaaten, bezeichnete das selbstverständliche »Axiom« der Erklärung als den »größten und gefährlichsten politischen Fehler«.[82] Der demokratische Kongressabgeordnete John Pettit griff dieses Stichwort auf und machte sich einen Namen mit dem Schlagwort, die Erklärung sei nichts als eine »selbstverständliche Lüge«.[83] Diese Vertreter der weißen Vorherrschaft erkannten unübersehbar die Bedrohung, die die Wahrheit für ihre Politik darstellte. Es ist ein schwerwiegender Fehler heutiger Progressiver, diese Wahrheit und das Dokument, das sie behauptet, mit Taney, Douglas, Calhoun und Pettit abzuqualifizieren, statt ihr Ansehen mit Lincoln oder Brown wiederherzustellen. Ob es hilfreich ist oder nicht, besteht kein Zweifel daran, dass Jefferson, obwohl er Sklaven besaß, Schwarze sehr wohl in seine Aussage einbezog. Das geht aus einer Lektüre des ursprünglichen Entwurfs der Unabhängigkeitserklärung hervor, der den folgenden Absatz enthält:

> [König Georg III.] hat einen grausamen Krieg gegen die menschliche Natur selbst geführt und dabei ihre heiligsten Rechte auf Leben & Freiheit in den Personen eines fernen Volkes verletzt, das ihn nie beleidigt hatte, indem er sie gefangen nahm & und in einer anderen Hemisphäre in die Sklaverei verschleppte oder sie bei ihrer Beförderung dorthin einen elenden Tod erleiden ließ. Diese

> piratenhafte Kriegsführung, die Schande ungläubiger Mächte, ist die Kriegsführung des christlichen Königs von Großbritannien, der entschlossen ist, einen Markt offen zu halten, auf dem MENSCHEN (*men*) gekauft & verkauft werden sollen.[84]

Dieser Teil wurde schließlich vom Kongress übergangen, doch zeigt der Verweis auf Sklavenmärkte als Einrichtungen, in denen *»men«* verkauft werden, dass mit *»men«* im Text Schwarze genauso gemeint sind wie weiße Grundeigentümer. Da auf besagten Sklavenmärkten auch Frauen und Kinder verkauft wurden, lässt sich die Schlussfolgerung nur schwer vermeiden, dass *»men«* genau das bedeutet, was wir normalerweise unter dem Begriff verstehen: Menschen.

Dennoch müssen wir uns natürlich auch mit Kants rassistischen Bemerkungen auseinandersetzen. So schrieb er, dass die Menschheit ihre »[größte] Vollkommenheit« bei den Weißen erreicht, während die »gelben Indianer« schon ein »geringeres Talent« haben und »Neger [...] weit tiefer« sind, »und am tiefsten steht ein Theil der amerikanischen Völkerschaften«.[85] Dass Kant solche Ansichten hatte, ist unbestreitbar, und er äußerte sie sogar in seinen »wissenschaftlichen« Arbeiten zur Anthropologie. Dennoch besteht die derzeit übliche Reaktion auf diese Zitate nicht darin, Kant dafür zur Rechenschaft zu ziehen, dass er seinen eigenen Idealen nicht genügte; sie besteht vielmehr darin, seine Schwächen dazu zu nutzen, diese Ideale selbst zu delegitimieren. Der grundlegende Vorwurf ist nicht, dass Kant diskriminierende Ansichten hatte, was offensichtlich der Fall war, sondern dass der Grund für diese Diskriminierung irgendwie darin liegt, dass er die Menschheit als eine universelle moralische Abstraktion behandelte. In dem wohl entscheidenden Essay zu dieser Problematik in den Vereinigten Staaten geht Charles Mills so weit, Kants humanistische Abstraktion für die »Spaltung zwischen dem *Herrenvolk* und den *Untermenschen*, Personen und Subpersonen, von der später die Nazigeschichte zehren sollte«, verantwortlich zu machen.[86] Argumente dieser Art werden an den Campus mit Begeisterung aufgenommen und bringen eine Kultur hervor, in der der radikale Humanismus nicht kritisiert, sondern gecancelt wird.

Paradoxerweise tritt die Kraft von Kants abstraktem Begriff der Menschheit im Lichte seiner hässlichen Kommentare über Asiaten, schwarze Menschen und amerikanische Ureinwohner nur umso deutlicher zutage. Weil die Freiheit von anthropologischen und kulturellen Eigenschaften ebenso unabhängig ist wie von der Biologie, ist es auch die menschliche Würde. Ungeachtet dessen, was dieser preußische Philosophieprofessor vor zweihundert Jahren über Schwarze dachte, hatte er dennoch keinen Zweifel daran, dass »nichts entsetzlicher seyn [kann] als daß die Handlung eines Menschen unter dem Willen eines andern stehen soll. Daher kan kein Abscheu natürlicher seyn als den ein Mensch gegen die Knechtschaft hat«.[87] Anders gesagt: Kants zweihundert Jahre alte Anthropologie als irgendwie relevant für die kantische Moralphilosophie zu betrachten, ist nur aufgrund eines – gewollten oder ungewollten – Missverständnisses seiner wichtigsten Leistung möglich: dem durch eine metaphysische Abstraktion erreichten Ausschluss sämtlicher – anthropologischen, historischen, soziologischen, psychologischen, biologischen – Fakten vom Nachdenken über die menschliche Würde.

Zumindest in seinem Spätwerk kritisierte Kant nicht nur die Sklaverei, sondern auch die koloniale Ausbeutung »primitiver« Gesellschaften in Afrika und trat für demokratische Institutionen in allen von ihnen ein.[88] Und obwohl er die Gesellschaften der amerikanischen Ureinwohner als »roh« bezeichnete, befürwortete er den Abschluss von Verträgen mit ihnen, ein Vorgang, der für Kant strikt Menschlichkeit und Freiheit auf beiden Seiten voraussetzt.[89] Es ist das eine, sich moralisch über eine zweihundert Jahre alte Rede von »primitiven« und »rohen« Gesellschaften zu empören, aber etwas ganz anderes, anhand dieser Vokabeln nachzuweisen, dass dem Rassismus der abstrakte Universalismus zugrunde liege. In Wahrheit ist genau das Gegenteil der Fall: Ohne die abstrakte Idee vom Menschen ist völlig unklar, was am Rassismus überhaupt falsch sein soll. Sobald konkrete Tatsachen über Menschen an die Stelle von Kants Abstraktion treten, ist die empfindliche Grundlage der absoluten Würde bedroht. Alle Gesetze werden zu solchen von Menschenhand und sind somit offen für die Aushandlung von Interessen und Machtpositionen. Damit öffnet man nicht nur der Duldung der Sklaverei die Tür, sondern auch ihrer Rechtfertigung: Werden Menschen konkret statt abstrakt begriffen, ist schwer zu sehen, warum sie nicht als Objekte behandelt werden können – als Mittel statt als Zwecke. Der preußische Philosophieprofessor Kant übertreibt nicht, wenn er behauptet, dass kein Verbrechen *entsetzlicher* ist als die Knechtschaft oder Sklaverei. Er versteht sie als Urverstoß gegen den kategorischen Imperativ. Er begreift, dass die Duldung der Sklaverei, wie Hugo später schreiben sollte, nicht nur bedeuten würde, dass man eine Ungerechtigkeit akzeptiert, sondern dass man die Idee der Gerechtigkeit selbst zerstört. Wer Kant einen Rassisten nennt, muss auch Heine zur Kenntnis nehmen, der sagte, Kants revolutionärer Terrorismus übertreffe den von Robespierre – weil Kant, wie Emerson, Thoreau und Hugo, John Brown unterstützt hätte.

VI.

Am 10. April 1963 verbot ein Bezirksgericht (Circuit Court) in Alabama das Vorhaben schwarzer Aktivisten, einen Protestmarsch in Birmingham gegen die Segregation zu veranstalten. Martin Luther King Jr., der gelobt hatte, die Bürgerrechtsbewegung in »die Stadt in Amerika« zu bringen, »in der die Rassentrennung am vollkommensten durchgeführt wird«, kündigte an, er werde sich über die Gerichtsentscheidung hinwegsetzen, führte einen Marsch an und wurde festgenommen.[90] Während King in Einzelhaft saß, stellte eine Gruppe weißer Geistlicher, sieben Pfarrer und ein Rabbiner, sein Vorgehen in einem offenen Brief unter der Überschrift »A Call for Unity« in Frage.[91] Angesichts seiner weiten Verbreitung kann man sicher davon ausgehen, dass er auch im Norden unter progressiven Liberalen Anklang fand. Die Kleriker machten deutlich, dass sie Verständnis für die Ziele der Bürgerrechtsbewegung hätten, aber gegen Kings Methoden seien. Nachdem sie zuvor bereits eine ähnliche Schrift mit dem Titel »An Appeal for Law and Order and Common Sense« veröffentlicht hatten, appellierten sie nun an King, vernünftig zu bleiben.[92] Sie warfen ihm vor, als »Außenstehender« in Alabama zu agitieren und den Frieden im Namen einer »ungeduldigen«, »unklugen«, »zeitlich ungelegenen« Gerechtigkeit zu stören – sie hätten sie auch »abstrakt« und »metaphysisch« nennen können. Und was das Schlimmste sei, er missachte das Gesetz und die Gerichte.[93]

Kings Antwort ist zu einem amerikanischen Klassiker geworden. Eingangs weist er darauf hin, dass er sonst nie auf Kritiken reagiere, auf diese aber antworten wolle, nachdem sie von Männern »guten Willens« komme.[94] Auf den Vorwurf der Geistlichen, er agitiere als »Außenseiter« in Alabama, antwortet er: »Wenn irgendwo Unrecht geschieht, ist überall die Gerechtigkeit in Gefahr.«[95] Auf den Vorwurf, er sei »ungeduldig« und komme »zeitlich ungelegen«, reagiert er mit dem Hinweis, dass es den »gemäßigten Weißen« an der nötigen eigenen Erfahrung fehle. In heutiger Terminologie gesprochen fordert er sie dazu auf, ihre Privilegien zu überprüfen: »Wir haben länger als 340 Jahre auf unsere verfassungsmäßigen und von Gott gegebenen Rechte gewartet«, schreibt er. »Sicherlich ist es für die, die den quälenden Stachel der Rassentrennung nie gespürt haben, leicht, ›warte‹ zu sagen.« All jene aber, die mit angesehen hätten, wie »der brutale Mob« ihre »Väter und Mütter« lyncht oder wie »haßerfüllte Polizisten« ihre »schwarzen Brüder und Schwestern beschimpfen, mit Füßen treten, mißhandeln und sogar töten«, würden verstehen, warum es schwerfällt, weiter zu warten. »Es kommt eine Zeit, wo das Maß des Erträglichen überläuft und der Mensch nicht länger gewillt ist, sich in Abgründe der Ungerechtigkeit stoßen zu lassen […].«[96] Gegen den »bösen Willen« ihrer Feinde, sagt King, werde die Bürgerrechtsbewegung die Oberhand gewinnen;

es sei der verlogene »gute Wille« der Gemäßigten, der eine echte Gefahr für sie darstelle. Mithin ist für ihn »das große Hindernis auf dem Wege des Negers in die Freiheit nicht der Weiße Bürgerrat oder der Ku-Klux-Klan […], sondern der gemäßigte Weiße, dem ›Ordnung‹ mehr bedeutet als Gerechtigkeit«.[97] Dies wirft nicht zuletzt ein schmerzlich ironisches Licht auf Kings Gründe, den Klerikern zu antworten: Hatte er eingangs gesagt, er erkenne ihren »guten Willen« an, so zeigt sich jetzt, dass King auf sie reagiert, weil er ihren guten Willen für gefährlicher hält als den bösen der Rassisten. Wie Thoreau, den er aufmerksam las, versteht King, dass Gesetzeskonformität zum größten Feind der Gerechtigkeit werden kann.

Wenn aber Kings Brief aus dem Gefängnis in Birmingham sechzig Jahre später am Martin Luther King Day in amerikanischen Schulen gelesen und allgemein begrüßt werden kann, und zwar oft von derselben Sorte Moderator, deren Vorläufer ihn seinerzeit ablehnten, dann deshalb, weil die tiefere Bedeutung des Textes bequemerweise übersehen wird. Kings Brief bleibt völlig unverstanden, solange man sich nicht mit seiner Antwort auf den Vorwurf der Geistlichen auseinandersetzt, er verstoße gegen die Rechtsstaatlichkeit:

> Da wir die Leute so eifrig auffordern, dem Beschluß des Obersten Bundesgerichts vom Jahre 1954 zu gehorchen und die Rassentrennung in den öffentlichen Schulen aufzuheben, ist es ziemlich merkwürdig und paradox, daß Sie nun in uns bewußte Gesetzesbrecher finden. Sie werden vielleicht fragen: »Wie können Sie es rechtferti-

> gen, einige Gesetze zu übertreten und anderen zu gehorchen?« Das liegt einfach daran, daß es zwei Arten von Gesetzen gibt, gerechte und ungerechte. Ich wäre der erste, der dafür eintritt, gerechten Gesetzen zu gehorchen. Man ist nicht nur rechtlich, sondern auch moralisch verpflichtet, gerechten Gesetzen zu gehorchen. Umgekehrt ist man moralisch verpflichtet, ungerechten Gesetzen den Gehorsam zu verweigern. Ich möchte mit Augustin sagen: »Ein ungerechtes Gesetz ist kein Gesetz.«[98]

Nimmt man diesen Satz ernst, so widerspricht er der liberalen Vorstellung, dass demokratische Verfahren legitime Autorität verleihen. Er unterwirft das Gesetz nicht nur Verfassungen, sondern auch einer metaphysisch verstandenen Gerechtigkeit. Selbst weniger moderate Denker am äußersten Rand einer vage liberalen Linken würden zögern, bevor sie Augustinus' Feststellung zustimmen. King aber meinte es ernst, als er sie befürwortete, ja sie war der Kern seiner Botschaft. Wie er weiter ausführte:

> Wie kann man erkennen, ob ein Gesetz gerecht oder ungerecht ist? Ein gerechtes Gesetz ist ein von Menschen gemachtes Gesetz, das mit dem Gesetz der Moral oder dem Gesetz Gottes übereinstimmt. Ein ungerechtes Gesetz dagegen ist ein Gesetz, das mit dem Gesetz der Moral nicht harmoniert. Um mit Thomas von Aquin zu sprechen: »Ein ungerechtes Gesetz ist ein menschliches Gesetz, das nicht im Gesetz des Ewigen und der Natur verwurzelt ist.«[99]

Die Antwort auf die schädliche politische Mäßigung ist nicht postaufklärerische Ideologie, sondern ein als ernsthafte Lehre verstandener Universalismus. Und das Problem mit Kings Position ist nicht, dass ein solcher Universalismus nicht ernst genug genommen würde, sondern dass es leicht geworden ist, ihn so wenig ernst zu nehmen, dass sich viele Gemäßigte zum selben »Moralgesetz« als einer leeren Hülse bekennen, um sich anschließend wieder in den bequemen Konsens einzufügen. Würde er kein Gesetz des »Ewigen« und der »Natur« zurückfordern, erschiene der Brief aus Birmingham so inhaltsleer wie die Unabhängigkeitserklärung. Tatsächlich steht letztere im Mittelpunkt von Kings »extremistischer« Alternative zur gefährlichen Mäßigung:

> Und war nicht auch Thomas Jefferson ein Extremist? »Wir halten es für selbstverständlich, daß alle Menschen gleich geschaffen sind.« Es geht also nicht darum, ob wir Extremisten sind, sondern was für Extremisten wir sind. Sind wir Extremisten des Hasses oder der Liebe? Sind wir Extremisten, die die Ungerechtigkeit aufrechterhalten wollen, oder sind wir Extremisten der Gerechtigkeit?[100]

Progressive Aktivisten und Kommentatoren mögen versucht sein, diese Bezugnahme auf Jefferson als naiv zu empfinden. Doch der Führer der Bürgerrechtsbewegung wusste sehr wohl, dass Jefferson Sklaven hielt. Und King hatte ja soeben den guten Willen der Gemäßigten verurteilt, weil er für die Gerechtigkeit gefährlicher sei als der Ku-Klux-Klan: Er versteht so gut wie irgendjemand sonst, dass ein scheinheiliger Universalismus das Kainsmal trägt und die Befreiung ermorden würde. Das eben ist ja die Argumentation des Briefs aus Birmingham. Trotz alledem verwirft King die Unabhängigkeitserklärung nicht als einen gemäßigten Text. In guter abolitionistischer Tradition nimmt er sie als das Dokument in Dienst, das sich über die Autorität des Obersten Gerichtshofs und der von Menschen gemachten Gesetze im Namen der »ewigen« Gerechtigkeit hinwegsetzt. Er ist auf den Satz verpflichtet, dass alle Menschen gleich geschaffen sind, nicht auf das Recht »des Volkes«.

Wie stark diese Verpflichtung ist, zeigt sich am deutlichsten in Kings Reaktion auf den Vietnamkrieg. Als er den Brief aus Birmingham schrieb, tobte der Krieg bereits und wirkte zunehmend als Katalysator für die Emanzipation der Schwarzen. Der Krieg riss soziale Schranken nieder, schuf neue Bindungen zwischen weißen und schwarzen Soldaten und brachte staatliche Stellen dazu, ihre Verpflichtungen gegenüber ihren schwarzen Veteranen anzuerkennen. Auch ermutigte er Präsident Lyndon Johnson, der in allen Ecken nach Unterstützung für die Kriegsanstrengung suchte, Bürgerrechtsgesetze zu fördern und zu unterzeichnen, die seinen Rückhalt in der schwarzen Wählerschaft stärkten. Trotzdem bezog King entschieden Stellung gegen die Kriegspolitik seines Landes, obwohl andere Führer der Bürgerrechtsbewegung dagegen starken Druck ausübten. Er brach den »Verrat meines eigenen Schweigens«, wie er es später nennen sollte, und eröffnete seine Predigt gegen den Krieg, »Verwandelte Nonkonformisten«, mit einem Zitat aus dem Römerbrief: »Und stellt euch nicht dieser Welt gleich, sondern ändert euch durch Erneuerung eures Sinnes«.[101] Was es heißt, sich nicht konformistisch dieser Welt gleichzustellen, wird in einer späteren Rede deutlich:

> [Als] ich zu einer radikalen Abkehr von der Zerstörung Vietnams aufrief, haben mich viele Menschen gefragt, ob mein Weg wohl weise sei. Hinter ihren Bedenken zeichnete sich oft unüberhörbar und gewichtig die Frage ab: Warum sprechen gerade Sie, Dr. King, über den Krieg? Warum gesellen gerade Sie sich zu den Stimmen der Opposition? Die Frage des Friedens und die Frage der Bürgerrechte sind verschiedene Dinge, sagen diese Leute. Sie fragen: Schaden Sie nicht Ihrer eigenen Sache? Und wenn ich sie so reden höre, verstehe ich oft genug den Anlaß ihrer Sorge, werde dann aber doch traurig, denn solche Fragen zeigen, daß die Fragesteller mich und meine Verpflichtung oder Berufung gar nicht wirklich kennen.[102]

Der King, der sich im Namen der Emanzipation der Schwarzen über geltendes Recht hinwegsetzt, kann dies nur im Namen einer Autorität tun, die höher steht als die der Emanzipation der Schwarzen, so legitim und drängend dieses Anliegen auch sein mag. Mag Vietnam auch den Interessen der Schwarzen in Amerika dienen, so sind die Interessen schwarzer Amerikanerinnen und Amerikaner – wie ungeduldig sie auch darauf warten, dass ihnen nach 340 Jahren ihre »verfassungsmäßig und von Gott gegebenen Rechte« endlich gewährt werden –, doch nicht das, worum es geht. Worum es geht, ist Gerechtigkeit im abstrakten Sinne: Sie ist die einzige Autorität, die über dem Bezirksgericht in Birmingham stand, und sie kann nicht dadurch vorangebracht werden, dass man die Augen vor der Zerstörung eines anderen Volkes »auf der anderen Seite der Welt« verschließt, um den Interessen der schwarzen Amerikaner zu dienen.

Verbündete Anführer der Bürgerrechtsbewegung fühlten sich verraten. Whitney Young von der National Urban League klagte: »Johnson braucht einen Konsens. Wenn wir in der Vietnamfrage nicht auf seiner Seite stehen, dann wird er in der Bürgerrechtsfrage nicht auf unserer Seite stehen.«[103] Die *New York Times* teilte diese Ansicht und schrieb herablassend, dass King »eine zu vordergründige Verbindung« zwischen den Bürgerrechten und der Kriegspolitik herstelle, wie es auch die *Washington Post* tat, für die King »seiner Nützlichkeit für seine Sache, sein Land und sein Volk geschadet hat«.[104] Zweifellos attackierten diese kritischen Stimmen King nicht nur, um den Krieg zu verteidigen, sondern weil sie die Bürgerrechte in Amerika ausweiten wollten. Ihr Fehler jedoch, ob schwarz oder weiß, war derselbe wie der der »gemäßigten Weißen«. Sie konnten Kings »Berufung« nicht begreifen, weil sie im Unterschied zu King den Sinn der Unabhängigkeitserklärung vergessen hatten. Kings Pflicht galt dem Gedanken, dass alle Menschen gleich geschaffen sind, nicht »seinem Land« oder »seinem Volk« – ganz gleich, ob man darunter die Amerikaner oder die Schwarzen versteht. Er suchte Gerechtigkeit, nicht die Einbeziehung der Afroamerikanerinnen und Afroamerikaner in die amerikanische »Union«. Hundert Jahre zuvor hätten Thoreau und Emerson Kings »Berufung« verstanden – seine »Erwählung« oder sein »Genie«. Auch Kant hätte verstanden, warum King die Rechte und Interessen von Afroamerikanerinnen und Afroamerikanern, für die er kämpfte und starb, aufs Spiel setzte. Nicht nur die Freiheit, auch die Emanzipation kann morden. Würde der Universalismus in ihrem Namen verraten, dann litte die Autorität der Gerechtigkeit noch schwerer, und das Kainsmal bliebe eine offene Wunde.

Folgende Wahrheiten erachten wir als selbstverständlich: daß alle Menschen gleich geschaffen sind …

DIE UNABHÄNGIGKEITSERKLÄRUNG

Die […] Wahrheit einer unabhängigen metaphysischen und moralischen Ordnung [kann] in einer demokratischen Gesellschaft keine brauchbare gemeinsame Basis für eine politische Gerechtigkeitskonzeption bereitstellen.

JOHN RAWLS

2.

WAHRHEIT ALS VOLKSFEIND ODER DER VORRANG DER PHILOSOPHIE VOR DER DEMOKRATIE

I.

Gleich nach Donald Trumps Amtsantritt als amerikanischer Präsident Anfang 2017 arteten die Feindseligkeiten zwischen seiner Regierung und den Medien in einen offenen Konflikt über Tatsachen beziehungsweise die Wahrheit aus. Schon vor der offiziellen Zeremonie zur Amtseinführung herrschte eine ausgesprochen gereizte Stimmung, hatte doch der neu ins Amt gekommene Präsident seinen Wahlkampf in den Augen vieler Beobachter mit Bullshit geführt – Bullshit im streng philosophischen Sinn des Begriffs, das heißt mit einem ausgemachten Desinteresse an Wahrheit *und* Unwahrheit.[105] Irgendwann wurde jedoch immer deutlicher, dass Trump von Bullshit zu einem System organisierter Lügen überging. Die Behauptung von Trump-Beraterin Kellyanne Conway, das Weiße Haus verfüge über »alternative Fakten«, ist als symbolischer Moment in Erinnerung geblieben; wie der Trumpismus hat die von ihr geprägte Wendung Trumps Präsidentschaft überlebt. Ihre spätere Rechtfertigung des Einreiseverbots für Staatsangehörige von sieben mehrheitlich muslimischen Ländern (»Muslim Ban«) mit dem Verweis auf ein »Bowling Green-Massaker«, das es nie gegeben hat, zeigte eine weitere Zuspitzung der Lage an, so wie Steve Bannons Verunglimpfung der Medien als »Oppositionspartei« zu der von Trump sogenannten »Bewegung«.[106] Bald darauf twitterte der Präsident selbst, die Medien mit ihrem Beharren auf Wahrheit seien nicht »*sein* Feind«, sondern ein »Volksfeind«.[107]

Die »Mainstream-Medien« schlugen alsbald mit eigenen aggressiven Methoden zurück. Die Zeitungen begannen, ihre Verfahren zur Überprüfung von Tatsachenbehauptungen, die bislang hinter den Kulissen stattgefunden hatten, demonstrativ in den Vordergrund zu stellen. Heute sind Überschriften wie »Faktencheck: Präsident Trumps erste Woche« oder »Faktencheck: Präsident Bidens Ansprache an den Kongress« in Nachrichtenmedien gängige Praxis.[108] Und als ob sie mit dem Einsatz einer strategischen Waffe drohen würde, kündigte die *New York Times* 2017 eine Änderung ihrer ungeschriebenen Regel zum Umgang mit dem »L-Wort« an.[109] Bis dahin war es die Auffassung der *Times*-Redaktion gewesen, dass eine Lüge von einer inneren Haltung abhing – einer Täuschungsabsicht –, die sich nicht nachweisen ließ. Demzufolge sprach sie lieber von »Falschheiten«, »Unwahrheiten« oder »Irrtümern« als von »Lügen«. Seit der Wahl Trumps jedoch druckt sie das Verb »lügen«. Auch warb die *Times* über Monate mit dem folgenden Slogan: »Wahrheit. Unverzichtbar für die Demokratie. Keine Alternativen, nur Fakten. Sparen Sie bis zu 40 Prozent beim *Times*-Abo Ihrer Wahl.« Im selben Geist sperrten nach der Erstürmung des Kapitols am 6. Januar 2021 soziale Medien wie Twitter und Facebook, die für die Verbreitung von Fehlinformationen gescholten worden waren, die Konten mancher Aktivisten vorübergehend oder schlossen sie gar endgültig – so auch das des @realDonaldTrump.

Dieser Kreuzzug im Namen der Fakten sagt eigentlich alles. Er zeigt nicht nur, wie fragil die Wahrheit in einer liberalen Demokratie ist, sondern auch, wo ihre Grenzen liegen: Während Tatsachen leidenschaftlich verteidigt werden, wird die Idee der Gerechtigkeit ihrer Autorität beraubt. Natürlich ist die Medienkampagne zur Verteidigung der Tatsachen unverzichtbar für die Demokratie. Wir sollten aber auch nicht übersehen, wie erpicht die Nachrichtenanbieter darauf waren, einen heiligen erkenntnistheoretischen Krieg zu erklären. Die Glorifizierung der Tatsachen dürfte auch dazu dienen, tiefere Fragen über die Wahrheit und ihr Verhältnis zur Politik zu verdecken und von dem Verdacht abzulenken, dass die Wahrheit in einem anspruchsvolleren Sinn des Begriffs unterdrückt worden sein könnte. Als Trump die liberalen Medien zum »Volksfeind« erklärte, waren viele empört. Aber das Verhältnis zwischen Wahrheit und Politik ist komplexer, als Trumps liberale Gegenspieler zugeben würden. Nicht nur populistische und nationalistische Politiker nutzen »falsche Tatsachen« als Waffe, um die Wahrheit anzugreifen; nicht nur postmoderne Linke attackieren die Wahrheit mit den neuesten Theorien des Postkolonialismus oder der Critical Race Theory. Wenn es in der Politik nicht um Tatsachen, sondern um Gerechtigkeit geht – wenn die moralische Wahrheit einem bequemen Konsens widerspricht –, dann behandeln auch moderne Liberale die Wahrheit als genau das: als einen Volksfeind.

»Kümmert euch um die Freiheit, dann kümmert sich die

Wahrheit schon um sich selbst«: Diese Losung führte Richard Rorty gerne im Mund, um das Wesen des modernen Liberalismus auf den Punkt zu bringen. Die Idee dahinter ist, die religiöse Toleranz durch ein übergeordnetes Prinzip staatlicher Neutralität zu radikalisieren.[110] Thomas Jefferson hat einmal über die Religion gesagt: »Es tut mir nicht weh, wenn mein Nachbar meint, es gebe zwanzig Götter oder keinen Gott.«[111] Für den Verfasser der Unabhängigkeitserklärung war es notwendig, den Glauben zu privatisieren, um die Autorität der Wahrheit aufrechtzuerhalten: Alle Menschen sind gleich, ungeachtet ihrer Religion. Der moderne Liberalismus scheint Jeffersons Grundsatz auf den ersten Blick dadurch auszuweiten, dass er nicht nur den Glauben, sondern die Wahrheit selbst privatisiert. Wie der Staat seinen Bürgerinnen keine Religion aufzwingen soll, so hat er auch nicht das Recht, einen Begriff von Gerechtigkeit zu propagieren. Wie die Politik von der Autorität Gottes befreit wurde, so wurde sie auch von der Autorität der Wahrheit »befreit«: nicht nur von der Tatsachenwahrheit, sondern von der Wahrheit als einem unabhängigen Gerechtigkeitsgrundsatz, der über dem Willen des Volkes steht. Auf den zweiten Blick handelt es sich dabei jedoch nicht um eine Radikalisierung des Jefferson'schen Grundsatzes, sondern um das genaue Gegenteil. Während die Religion privatisiert wurde, um die Autorität der Wahrheit zu untermauern, untergräbt die Privatisierung der Wahrheit gerade ihre Autorität. Der Liberalismus besteht mithin, um eine weitere treffende Formel von Rorty aufzugreifen, im »Vorrang der Demokratie vor der Philosophie«.[112]

Man kann diesen Wandel noch auf eine andere Weise

verstehen, wenn man sich klarmacht, dass die Jefferson'sche Toleranz die mosaische Unterscheidung – die Behauptung, dass es keinen Gott gibt neben Gott – im Namen der abrahamitischen Unterscheidung – der Behauptung, dass die einzige Autorität die der Gerechtigkeit ist – opferte, während der moderne Liberalismus beides untergrub. Hatte die Unabhängigkeitserklärung ein absolutes Gerechtigkeitsprinzip aufgestellt, das nicht von Menschen gemacht ist und an das sich die Politik halten muss, so feiert der moderne Liberalismus »eine neue Vorstellung vom Menschsein, die keinen Gehorsam gegenüber einer nichtmenschlichen Autorität kennt«.[113] Anders gesagt: Das einzige absolute Prinzip ist der menschliche Wille.

Der wirksamste Weg, um den Einfluss der Wahrheit auf die Politik zu schwächen, ist nicht der Angriff auf Tatsachen, sondern ihre Fetischisierung. Wittgenstein hat bekanntlich behauptet: »Die Welt ist die Gesamtheit der Tatsachen«, und von dieser Feststellung abgeleitet: »In der Welt ist alles, wie es ist, und geschieht alles, wie es geschieht; es gibt in ihr keinen Wert [...].«[114] In einer Welt, die sich in Tatsachen erschöpft, »kann es auch keine Sätze der Ethik geben«; alle sinnvollen Sätze »sind gleichwertig«, sodass »sich die Ethik nicht aussprechen läßt«.[115] Es geht nicht so sehr darum, dass Aussagen wie »alle Menschen sind gleich geschaffen« von den Tatsachen nicht bestätigt werden; der Punkt ist vielmehr, dass sie von ihnen weder bestätigt noch widerlegt werden. Erhebt man Tatsachen zum Modell des sinnvollen Satzes, dann behalten ethische Aussagen allenfalls noch den Status von Mythen, Ideologien oder subjektiven Meinungen. Streng genommen gelten sie als Nonsens.

Der Liberalismus, wie wir ihn kennen, fühlt sich mit diesem Tatsachenfetisch aus demselben Grund so wohl, aus dem er sich der Kantischen Idee der Menschheit verweigert und zu der positivistischen Aufklärung zurückkehrt, die ihr vorausging – er lebt nur da, wo die Verpflichtung auf die moralische Wahrheit durch Konsens, Interesse und Meinung ersetzt worden ist.

Um das Problem verstehen zu können, das durch diese Ersetzung entstanden ist, lohnt es sich, das Verhältnis von Wahrheit und Politik in einem allgemeineren Sinne zu betrachten. Während die Politik ein Bereich ist, in dem Machtpositionen und Bestrebungen ausgehandelt werden, verhält sich die Wahrheit beidem gegenüber indifferent: Nicht einmal der mächtigste Tyrann oder die am besten gerechtfertigte Demokratie könnte beschließen, dass zwei und zwei fünf ist. Wenn die Wahrheit die Politik jemals wirklich beeinflusst, dann kann sie dem politischen Bereich nur von außen auferlegt werden. Politisch gesprochen stellt sich die Frage, ob menschliche Machtpositionen, Bestrebungen und Autoritäten nicht nur durch Verfassungen, Gewaltenteilung und internationale Abkommen – die alle zur Sphäre der Politik gehören und sich an ihren Grundsätzen orientieren – eingehegt, sondern auch durch die externe Autorität der Wahrheit bestimmt werden sollten. Das besessene Streben der Tyrannen nach einer Schwächung der Wahrheit verdankt sich ihrer Unfähigkeit, irgendeine derartige äußere Einschränkung ihres Willens zu akzeptieren. Doch bevor wir es uns mit den üblichen Vergleichen – zwischen Hitler und Stalin, Trump und Putin, Faschismus und Nationalsozialismus – allzu bequem machen, sollten wir uns vor Augen führen, dass sich der moderne Liberalismus nicht viel anders zur Wahrheit verhält als die Tyrannen: indem er ihre Autorität über den Willen des Souveräns ablehnt – in diesem Fall den des Volkes. Eine »neue Vorstellung vom Menschsein, die keinen Gehorsam gegenüber einer nichtmenschlichen Autorität kennt«, mag nach einem emanzipatorischen Fortschritt der säkular aufgeklärten Moderne klingen, doch fragt man sich, auf welche Autorität man sich dann noch stützen könnte, um gegenüber einer menschlichen Autorität ungehorsam zu sein. Hans Frank, bayerischer Justizminister und Reichsminister unter Hitler, formulierte das totalitäre Verhältnis zur Wahrheit einem Bericht der Zeitschrift *Nature* zufolge so: »[D]a das Streben nach Erkenntnis Dienst an der Wahrheit ist, muss es notwendig Dienst am Nationalsozialismus sein.«[116] Um sich dieser totalitären Formel zu widersetzen, muss die Autorität der Wahrheit unabhängig bleiben. Es ist wohl kaum eine gute Idee, Franks Logik zu akzeptieren und lediglich »Nationalsozialismus« durch »Demokratie« zu ersetzen. Das aber ist genau das, was der viel gerühmte »Vorrang der Demokratie vor der Philosophie« und die »neue Vorstellung vom Menschen« im Gepäck hat.

II.

Das historische Ereignis, die die Wahrheit als politische Macht untergrub, war paradoxerweise der Amerikanische Bürgerkrieg. Er wurde im Namen einer absoluten Wahrheit ausgefochten, in deren Namen auch die Sklaverei abgeschafft wurde. Ein Rechtsdokument wie die Verfassung der Vereinigten Staaten erfuhr eine Revision, weil ein metaphysischer

Begriff von Gerechtigkeit gewaltsam durchgesetzt wurde. Für einen kurzen Moment gewann der Abolitionismus die Oberhand in der amerikanischen Politik – aber wirklich nur für einen Moment. Unmittelbar nach dem Krieg und in Reaktion auf seine Schrecken wurde die Wahrheit verworfen, der Abolitionismus ad acta gelegt und das unionistische Denken zur treibenden Kraft der liberalen Politik. Unser Verständnis der Demokratie in Amerika ist immer noch eine Geisel dieses unionistischen Triumphs.

Es ist in gewissen Kreisen heute üblich, die abolitionistische moralische Motivation für den Bürgerkrieg zu leugnen und den Kriegsgrund der Nordstaaten als bloßes wirtschaftliches Interesse abzutun, verbunden mit der Weigerung, die Sezession der Südstaaten hinzunehmen.[117] Ebenso wird betont, dass die Emanzipationsproklamation vom 1. Januar 1863, die alle »als Sklaven gehaltenen« Personen für »frei« erklärt, nur diejenigen Sklaven befreite, die in den abtrünnigen Staaten gehalten wurden, und das auch nur aus Gründen der Kriegsnotwendigkeit: Sie sollte die Wirtschaft des Südens schwächen, die auf die Sklavenarbeit angewiesen war, während sich die weißen konföderierten Bürger im Kampf befanden.

Es wäre natürlich unsinnig, die Existenz oder das Gewicht solcher Motive zu bestreiten. Aber wie viel Wahrheit in dieser Beschreibung des Krieges auch stecken mag, sie blendet doch aus, wofür die Soldaten, die in diesem Krieg kämpften – also töteten und starben –, zu kämpfen glaubten. Du Bois, der mehr als jeder andere Autor dafür getan hat, die heimlichen ökonomischen Motive des Nordens aufzudecken, scheute keine Mühe, um geltend zu machen:

Die Vorstellung, »dass der gesamte Norden im und nach dem Krieg vor allem daran interessiert war, Geld zu verdienen, stimmt nur zur Hälfte«.[118] Die »Abschaffung der Sklaverei zu ignorieren, ist unhistorisch. Für eine überschaubare Zeit gewann eine große moralische Bewegung die Oberhand, die den Norden von seiner ökonomischen Verteidigung der Sklaverei abbrachte und zur Befreiung führte. Die Abolitionisten griffen die Sklaverei an, weil sie falsch war, und ihr moralischer Kampf kann nicht bagatellisiert oder vergessen werden, wenn man bei der Wahrheit bleiben will.«[119] Diese Tradition wollte Du Bois gut verstanden wissen, um das aufrechtzuerhalten, was er bei der Verleihungszeremonie des Lenin-Preises in der russischen Botschaft in Washington als den »Traum von dem Amerika« bezeichnete, in das er hineingeboren wurde: eine »Demokratie des Abolitionismus« zu schaffen; eine Gesellschaft, die dieselben *moralischen* Grundsätze fortschreibt, die hinter dem Krieg standen, und sie auf weitere Politikfelder überträgt.

Gewiss, der Schlachtruf des Nordens lautete *Union!*, nicht *Abolition!* Doch dürfen wir uns dadurch nicht in die Irre führen lassen: Der Norden kämpfte unter der Flagge der Union, weil sich der Süden losgesagt hatte, und der Süden hatte sich losgesagt, weil das Land einen Mann wie Abraham Lincoln zum Präsidenten gewählt hatte. Lincoln war kein Abolitionist im Geiste, aber immer noch ein Verfechter der Überzeugung, dass die Unabhängigkeitserklärung über die Verfassung zu stellen sei; dass eine selbstverständliche Wahrheit die Oberhand über den Willen des Volkes oder »föderalen Konsens«, wie man es damals nannte, behalten musste. Vom Erstarken der abolitionistischen Gesinnung in den Nordstaaten zeugt am besten die Tatsache, dass dieselben Soldaten, die auf dem Schlachtfeld »Union!« brüllten, »John Brown's Body« als Marschlied sangen:

John Brown's body lies a-mouldering in the grave,
John Brown's body lies a-mouldering in the grave,
John Brown's body lies a-mouldering in the grave,
His soul is marching on.
[...]
Now, three rousing cheers for the Union,
Now, three rousing cheers for the Union,
Now, three rousing cheers for the Union,
As we are marching on![120]

Nur wenige Jahre zuvor war John Brown von Unionisten und Abolitionisten gleichermaßen als fanatisch geschmäht worden. Die Erinnerung an den Abolitionisten, der das Gesetz in die eigenen Hände genommen hatte, um die Unabhängigkeitserklärung hochzuhalten, und der – mit Lincolns öffentlicher Billigung – als erster US-Bürger wegen Hochverrats hingerichtet worden war, marschierte nun als Geist der Union voran.

Auch Lincolns Gettysburg Address von 1863 brachte genau diesen Geist zum Ausdruck. Für unsere Ohren mag sie wie eine lakonische Bekräftigung der Demokratie als »Regierung des Volkes, durch das Volk und für das Volk« klingen. Aus dem Zusammenhang gerissen, klingt diese Losung womöglich so unstrittig wie Martin Luther Kings

Behauptung, dass ein »ungerechtes Gesetz [...] kein Gesetz« ist. Für Lincolns Zuhörerschaft war der Standpunkt, den er in zweihundertfünfzig Wörtern formulierte, während der Krieg noch tobte, freilich bedeutungsvoller.

Die Zeremonie war dazu gedacht, das blutigste Schlachtfeld des Krieges dem Gedenken an jene Amerikaner zu widmen, die auf ihm gefallen waren. In seiner Ansprache griff Lincoln dieses Thema der *Widmung* oder *Weihe* auf, kam aber, nachdem er es mehrfach variiert hatte, zu dem Schluss, dass der Ort gar nicht geweiht werden könne. Vielmehr müsse sich die Nation von Neuem derselben Wahrheit widmen, der sie sich bei ihrer Gründung verpflichtet hatte: »Vor 87 Jahren gründeten unsere Väter auf diesem Kontinent eine neue Nation, in Freiheit gezeugt und dem Grundsatz geweiht, dass alle Menschen gleich geschaffen sind. Nun stehen wir in einem großen Bürgerkrieg, der eine Probe dafür ist, ob diese oder jede andere so gezeugte und solchen Grundsätzen geweihte Nation dauerhaft Bestand haben kann.«[121] Eine Versammlung von Nordstaatlern, die in den Vorkriegsjahren in die hitzige Debatte zwischen Abolitionismus und Unionismus verstrickt gewesen war, hörte die Botschaft klar und deutlich. Lincoln bekannte sich in Gettysburg nicht in irgendeinem allgemeinen Sinne zur Demokratie; er widmete die Nation einem ganz bestimmten Verständnis dieses Begriffs. Die Rede ist nicht nur eine Zurückweisung des angeblichen Rechts der Südstaaten, Sklaven zu besitzen, sondern eine Zurückweisung des Unionsgedankens als Antwort auf diesen Anspruch des Südens. Das Land soll eine »Wiedergeburt der Freiheit« erleben, indem es seine Verpflichtung auf die Unabhängigkeitserklärung wieder in Kraft setzt. Auf den Vorrang der Wahrheit vor dem Konsens; der Metaphysik vor der Verfassung.

Lincolns Worte machten dies deutlich genug, noch deutlicher aber machten es die äußeren Umstände. Die Ansprache stammt vom 19. November, mehr als vier Monate nach der Schlacht, die Anfang Juli in Gettysburg getobt hatte. Ungefähr siebentausend Amerikaner waren in weniger als drei Tagen auf diesem Boden getötet worden – etwa 3100 Nordstaatler und 3900 Konföderierte. Sie wurden alle miteinander in großer Eile auf dem Schlachtfeld begraben, weil die schnelle Verwesung der Leichen eine unmittelbare Bedrohung für die öffentliche Gesundheit darstellte. Als der Herbst kam und ein zweites Begräbnis mit einer präsidentiellen »Weihe« des Bodens beschlossen wurde, grub man die Leichen aus und trennte sie: Die sterblichen Überreste der konföderierten Soldaten sollten nicht in der neuen nationalen Gedenkstätte geehrt, sondern in ihre Heimatstaaten zurückgeführt werden. Im Oktober begann man damit, die Gefallenen akribisch zu identifizieren und zu sortieren, ein Vorgang, der erst im folgenden Frühjahr abgeschlossen sein sollte. Und so kann man ohne große Übertreibung sagen, dass Lincoln, als er am Schauplatz eintraf, »aufpassen musste, wo er hintrat«, wie Jonathan Lear schreibt.[122] Als sich der amerikanische Präsident zur Demokratie bekannte und der Nation eine »Wiedergeburt der Freiheit« verkündete, lagen tausende amerikanische Leichname auf offenem Feld – konföderierte Leichname, denen ein ehrenvolles Begräbnis an diesem Ort verwehrt wurde. Und Lincoln, der Leser, Redner und wahrhafte Akteur der Geschichte, war sich dessen zweifellos bewusst.

Wenn die Union den Krieg für die Einheit führte, ergibt dieses grausige Spektakel überhaupt keinen Sinn. Warum sollte man die gefallenen Soldaten der Konföderierten nicht Seite an Seite mit ihren Landsleuten aus dem Norden bestatten, geschweige denn ihre sterblichen Überreste im Urmoment der zweiten Gründung des vereinigten Amerikas so demütigend zur Schau stellen? »Die unbestatteten Toten hatten gekämpft, um sich einer gemeinsamen Staatsbürgerschaft mit jenen zu entziehen, die sie getötet hatten«, behauptet Lear.[123] »Die Unionssoldaten, die sie töteten, taten dies im Namen des Beharrens darauf, dass sie, die Konföderierten, ebenso wie ihre Angehörigen und Nachkommen, Mitbürger bleiben mussten«, argumentiert er und beklagt das Versäumnis, amerikanische Mitbürger zu beerdigen, als Lincolns »Antigone-Moment«.[124] Angeblich würden die Geister von Gettysburg die amerikanische Union noch heute heimsuchen.

Da Lincolns Symbolhandlung in Gettysburg aber sein Weg war, um den Kriegsgrund performativ festzulegen, geht Lears Analyse an der eigentlichen Frage vorbei. Entgegen seiner Annahme wurde der Krieg nicht in erster Linie ausgefochten, um die Soldaten der Konföderierten in der gemeinsamen Staatsbürgerschaft zu halten. Genau hierin bestand doch der Punkt, den Lincoln mit seinen anti-unionistischen Worten *und* Taten machte. Die Soldaten der Union kämpften für die Befreiung der Schwarzen und die Einbeziehung aller Menschen in »das Volk« und nicht dafür, die Bürgerinnen und Bürger der Südstaaten in der Union zu halten. Das Land, das sich in Gettysburg selbst zu einer »Wiedergeburt der Freiheit« verhalf, indem es sich der

Wahrheit widmete, kann Gettysburg nicht Soldaten widmen, die dafür kämpften, diese zu leugnen – die Wahrheit, dass alle Menschen zum Volk gehören müssen, wird durch den Ausschluss der konföderierten Soldaten hochgehalten. Das Kainsmal wird durch eine Verpflichtung gegenüber der Menschheit geheilt, nicht durch die Vorspiegelung, dass alle Amerikaner Brüder sind.

Für einen Moment setzte sich der Geist von Gettysburg durch. Am 31. Januar 1865 wurde der 13. Zusatzartikel zur Verfassung der Vereinigten Staaten verabschiedet: Was die Emanzipationsproklamation in beschränkter Form und als Kriegsnotwendigkeit verkündet hatte, wurde nun als prinzipielle Position bekräftigt. Im April desselben Jahres ging der Krieg zu Ende, und eine Ära des Wiederaufbaus und der staatlichen Neuordnung, der »Reconstruction« begann, wobei die Politik der »Radical« oder »Congressional Reconstruction« die abolitionistischen Kriegsziele mit anderen Mitteln weiterverfolgte. In heftigen politischen Kämpfen gelang die Annäherung an Ziele, die durchaus nicht allgemein geteilt wurden: zum einen, dass befreite schwarze Sklaven als Staatsbürger integriert würden. Und zum andern, dass schwarze Bürger das Wahlrecht erhalten sollten. Doch dieser Geist konnte sich nicht lange halten. Der Krieg, der die Institution der Sklaverei abschaffte, zerstörte auch die geistige Atmosphäre, die den Abolitionismus ermöglicht hatte. In der unmittelbaren Nachkriegszeit kehrten die unionistischen Grundsätze in direkter Reaktion auf die Traumata der entsetzlichen Kriegsverluste mit aller Macht zurück. Die liberale Demokratie, die aus dem Krieg hervorging, bekräftigt den »Vorrang der Demokratie vor der Philosophie« und den Wunsch, sich »um die Freiheit zu kümmern, dann kümmert sich die Wahrheit schon um sich selbst« – also das genaue Gegenteil des Prinzips, das Lincoln in Gettysburg wieder in Kraft zu setzen versuchte. Er forderte eine »Wiedergeburt der Freiheit« für die Nation, indem er sie der Wahrheit widmete, und glaubte, dass dieser Vorrang gewahrt werden müsse, damit »die Regierung des Volkes, durch das Volk und für das Volk nicht von der Erde verschwinden möge«.[125]

III.

Die geistige Revolution (oder besser: Konterrevolution) geht am deutlichsten aus dem Denken von Oliver Wendell Holmes Jr. hervor. Der legendäre Richter am Obersten Gerichtshof und Gründervater des amerikanischen Pragmatismus war zu Beginn des Krieges ein Abolitionist. Er kämpfte tapfer und wurde dreimal schwer verwundet, nur um immer wieder aufs Schlachtfeld zurückzukehren. Sein Vater, Wendell Holmes Sr., war ein enger Freund von Emerson, der Verfasser von »Selbstvertrauen«, wiederum Pate und Mentor von Holmes Jr. Durch einen nonkonformistischen Aufsatz seiner Studienjahre zog sich Holmes Jr. den Zorn seiner Professoren in Harvard zu, als er schrieb, dass die »Pflicht« nicht »weniger bindend wäre, wenn die Bibel nie geschrieben worden wäre oder die Welt morgen unterginge«.[126] Es handelt sich, anders gesagt, um eine notwendige Wahrheit, die sowohl über die offenbarte Religion als auch über die physische Existenz der Welt hinausgeht. »Besitzen Menschen andere Menschen durch das Gesetz Gottes?«, fragt Holmes Jr. in einem anderen Harvard-Aufsatz; »wenn wir, fast die ersten jungen Männer, die in einer Atmosphäre eigenen Forschens aufgewachsen sind, [...] ... wenn wir den Kampf aufnehmen, können wir etwas für das Gefühl, dass er eine Tragödie ist? *Können wir etwas dafür, dass wir uns in unsere Zimmer verziehen und weinen, damit wir nicht denken?*«[127] Das ist nicht nur die Sprache des Abolitionismus; es ist die Art von Abolitionismus, die Emerson zusammen mit Thoreau propagierte und die die Duldung der Sklaverei mit der konformistischen Mentalität der Unionisten identifizierte, mit einem kindischen Unvermögen, selbst zu denken. 1861, bald nach Lincolns Wahl zum Präsidenten, nahm Holmes eine Tätigkeit als Leibwächter für Wendell Philipps an, einen prominenten abolitionistischen Redner aus Boston, der zu einem bekennenden Unterstützer John Browns wurde und knapp einem Entführungsversuch durch Pro-Sklaverei-Aktivisten entging, als er von dessen Beerdigung kam. Eines Abends war Holmes Jr. bei einer Kundgebung in Boston Philipps' Leibwächter, als sein eigener Patenonkel, Emerson, die Menge von der Bühne herab mit den Worten entflammte: »Das ungeheuerliche Zugeständnis, das bei der Entstehung der Verfassung gemacht wurde [...], hat die Kultur und die Menschheit seinerzeit bis zu diesem Tage blockiert.«[128]

Als Holmes aus dem Krieg zurückkehrte, war er vom genauen Gegenteil überzeugt. Der Umbruch in seinem Denken betraf die Idee der Wahrheit und die Autorität des Universalismus. Holmes glaubte auch weiterhin an die Idee, dass alle Menschen gleich sind, verabscheute aber nunmehr den Gedanken, dass irgendeiner Idee Autorität zukommen oder sie eine Verpflichtung implizieren könne, geschweige denn eine absolute. Er war zu der Überzeugung gelangt, dass Gewissheit über normative Wahrheiten nicht die Kultur fördert, sondern die Barbarei. Ein selbstverständlicher Begriff von Gerechtigkeit unterschied sich kein bisschen von jener anderen metaphysischen Gewissheit namens Glauben, die zum Dreißigjährigen Krieg geführt hatte und erst mit der toleranten Privatisierung der Religion vom Himmel geholt worden war.

Holmes' Erweiterung der Toleranz vom Glauben auf die Gerechtigkeit wurde durch den Darwinismus untermauert, der in den Jahren des Bürgerkriegs an Bedeutung gewonnen hatte. Holmes' darwinistisches Konzept von Ideen bestand darin, im Denken ein bloßes Werkzeug zu erblicken, ein Experiment, das man anstellt, um seine Umwelt einem Test zu unterziehen. In einer vollkommenen Entsprechung von Inhalt und Form galt dies auch für die Idee des Menschen selbst: Menschen werden durch die blinde Evolution hervorgebracht, also kann ihr Denken auch kein höheres Sollen postulieren. Sie selbst sind keiner absoluten Würde wert. »Ich verabscheue jeden Menschen, der weiß, dass er weiß«, schrieb Holmes in einem Brief an seinen Freund Harold Laski; immer sei es die Idee der Wahrheit, durch die eine Gruppe eine andere dazu zwinge, sich nach ihrer eigenen Idee von Gerechtigkeit zu richten: »Eine gewisse Art Despotismus liegt dem Streben nach einem Wandel zugrunde. Ich habe kein Interesse daran, meine Nachbarn zu gängeln, damit sie etwas anderes wollen als das, was sie nun einmal wollen – selbst wenn ich, wie so häufig, der Meinung bin, dass ihre Wünsche mehr oder weniger selbstmörderisch sind.«[129] So wurde Holmes von einem Emerson'schen Abolitionisten zu einem unionistischen Konstitutionalisten und begann, eine Philosophie auszuarbeiten, die diese Ideologie trägt: den Pragmatismus. »Du achtest die Menschenrechte«, schrieb er in einem anderen Brief an Laski, »ich nicht, außer den Dingen, für die eine x-beliebige Menge zu kämpfen bereit ist – und die so unterschiedlich sein können wie die Religion oder der Preis eines Glases Bier. Ich würde auch für einige Dinge kämpfen – aber statt zu sagen, dass sie sein sollten, sage ich lediglich, dass sie Teil der Art von Welt sind, die mir gefällt.«[130] Und in einem weiteren Brief heißt es:

> Deine Bemerkung zu dem, was sein »sollte«, und dem System der Werte in der Politikwissenschaft lässt mich eher kalt. Wenn Werte, wie ich glaube, einfach emotional ausgedrückte Verallgemeinerungen sind, dann sind die Verallgemeinerungen Gegenstand derselben Wissenschaft wie andere Tatsachenbeobachtungen. Wenn du, wie ich manchmal befürchte, an irgendeine transzendentale Rechtfertigung glaubst, so tue ich das nicht. Natürlich unterscheiden sich unterschiedliche Personen und vor allem unterschiedliche Rassen in ihren Werten – doch diese Unterschiede sind faktischer Natur […]. Ich habe sehr wenig Respekt für Konventionen als solche, respektiere aber diejenigen meiner eigenen Umgebung und versuche im Allgemeinen, mich an sie zu halten.[131]

Der Mann, der einst behauptet hatte, dass die Pflicht bindend sei, auch wenn die Bibel nie geschrieben worden wäre und die Welt zu existieren aufhörte, übersetzt nunmehr alle

Normen in Tatsachenaussagen und reduziert damit den Ausdruck von Pflichten in der ersten Person auf die Beschreibung von Interessen und Konventionen. Sein Pate schrieb einst, »zu glauben, daß das, was für dein persönliches Herz wahr ist, für alle Menschen wahr ist, das ist Genius«, und bezog das auf John Brown.[132] Holmes aber verabscheut inzwischen den »Menschen, der weiß, dass er weiß«, und muss dabei an dieselbe Person denken. Oder in Wirklichkeit nicht nur an Brown und auch nicht nur an die Bewegung des Abolitionismus, sondern an den Geist, hinter dem die Union für einen Moment marschiert war.

In einer frühen Entscheidung, die zu seinem Markenzeichen als Richter werden sollte, ersetzte Holmes den Glauben an die Pflicht durch den naturalistischen Glauben, dass »ein Mensch sein Eigeninteresse zurecht dem seiner Nachbarn vorzieht«.[133] Dieser Grundsatz wurde zur Klammer für sein entscheidendes Werk, *The Common Law*. »Aber ich halte es für klar, daß die ultima ratio nicht blos regum [der Könige], sondern auch der Privatpersonen in Machtentfaltungen besteht, und daß auf dem Grunde aller privaten Beziehungen ein berechtigter Eigennutz (justifiable self-preference) steht«; das Recht »entspricht so ziemlich […] dem, was man damals für angemessen hielt«.[134] Es überrascht nicht, dass ein derartiges Buch 1881 geschrieben wurde, nur wenige Jahre nach dem Ende der Reconstruction durch den Kompromiss von 1877, und dass es genau das tat: Es stellte die Interessen der liberalen weißen Wähler im Norden über die Grundrechte befreiter Sklaven. Es markierte den Fall des Landes von der Reconstruction mit ihren bleibenden abolitionistischen Unterströmungen in ein knappes Jahrhundert der Jim-Crow-Gesetzgebung, das erst in den 1960er Jahren mit Martin Luther King zu Ende gehen sollte. 1896 bestätigte der Supreme Court die Rassentrennung oder das, was als der juristische Grundsatz »getrennt aber gleich *(separate but equal)*« bekannt wurde, als verfassungsgemäß. Holmes saß noch nicht auf der Bank des Gerichts, aber sein *Gemeines Recht,* das die Vorstellung verankerte, das Recht könne sich nur auf »die zu dieser Zeit herrschenden Lehren über die Moral, den Staat und die Aufgaben der Politik, [...] sogar die Vorurteile, die den Richtern mit ihren Parteien gemeinsam waren«, gründen, ist repräsentativ für den damaligen Zeitgeist.[135] Genauer gesagt, für einen Zeitgeist, der die Anwendung von Grundsätzen ablehnt, die über dem Zeitgeist stehen: »Menschen glauben in hohem Maße, was sie wollen«, schreibt Holmes: *»Ich sehe darin keine Grundlage für eine Philosophie, die uns sagt, was wir wollen sollten.«*[136] Dem nietzscheanisch-spinozistischen Gedanken, dass wir nicht nach etwas »verlangen noch es begehren, weil wir es für gut halten, im Gegenteil, wir halten etwas für gut, weil wir [...] es begehren«, hätte man sich nicht klarer verschreiben können.[137] Richter Richard Posner fasste Holmes' Position einmal zustimmend in die Worte, er habe das Recht »in die vorherrschende öffentliche Meinung« verwandelt, »ähnlich wie Nietzsche die Moral in die öffentliche Meinung verwandelte«.[138] Zu Beginn seiner Harvard-Vorlesung über »Naturrecht« von 1918 wies Holmes in der Tat die Vorstellung zurück, dass der Mensch, »dieses kleine Geschöpf auf dieser kleinen Erde«, für irgendeine Norm den Status einer »kosmischen Wahrheit« beanspruchen könne.[139] Die Ähnlichkeit mit Nietzsches Verspottung von Werten in unserem »abgelegenen Winkel des [...] Weltalls« ist fast sicher nicht zufällig.[140] Die Moral, fährt Holmes fort, bringt einfach nur die Perspektive der Sieger zum Ausdruck: »Wir dürfen sicher erwarten, dass die allgemeine Meinung über den gegenwärtigen Krieg in erheblichem Maße davon abhängen wird, welche Seite gewinnt.«[141] 1918 ließ sich das billigerweise als Kommentar zum Ersten Weltkrieg verstehen. Aber wie manchen Harvard-Studierenden in der Zuhörerschaft bewusst gewesen sein dürfte, muss die Bedeutung dieses allgemeinen Grundsatzes, besonders wenn er aus Holmes' Mund kommt, als Kommentar zum Bürgerkrieg geprüft werden. Mit sehr viel gutem Willen kann man diese Reduktion der Gerechtigkeit auf eine Siegermoral als Zustimmung zum Unionsgedanken interpretieren. Eine präzisere Interpretation wäre die Behauptung, dass im Falle eines Sieges der Konföderation unsere Meinung über die Versklavung schwarzer Menschen eher der Calhouns geglichen hätte als der Lincolns.

Holmes bedeutendster Schüler war John Dewey, und man kann ohne große Übertreibung sagen, dass das liberale Denken durch seine Vermittlung eher Holmes' nietzscheanischen Unionismus als das Vermächtnis von Lincolns Gettysburg geerbt hat. Mit Dewey gesprochen bestand das Vorhaben darin, eine »Philosophie des Liberalismus« zu erschaffen, die sich durchsetzen würde, sobald die »Erbschaft des Absolutismus beseitigt« worden wäre.[142] Mit »Absolutismus« meint Dewey hier die Vorstellung, dass eine evidente Wahrheit die Politik bestimmen sollte. Holmes' *Das gemeine Recht* beginnt mit der These, dass die »Lebenskraft« oder Autorität des Rechts von kontingenten kulturellen Konventionen abhängt, nicht von der Wahrheit. Diese Konventionen bezeichnet Holmes als »Erfahrung«:

> Vielmehr entnimmt das Recht seine eigentliche Lebenskraft nicht der Logik, sondern ist ein Niederschlag von Erfahrungen. Bedürfnisse, die man in einem bestimmten Zeitraume fühlte, die zu dieser Zeit herrschenden Lehren über die Moral, den Staat und die Aufgaben der Politik, mochten sie nun offen ausgesprochen oder nur unklar empfunden sein, sogar die Vorurteile, die den Richtern mit ihren Parteien gemeinsam waren, haben einen weit bedeutenderen Einfluß ausgeübt, als die bloßen Schlußfolgerungen, durch die man die Grundsätze der Rechtspflege in die Formen fester Regeln prägte. [...] [M]an kann [das Recht] nicht so behandeln, als ob es lediglich solche Grundsätze und Folgerungen enthielte, wie sie etwa in einem mathematischen Buche zu finden sind. [...] Der Inhalt des Rechtes zu einer bestimmten Zeit entspricht so ziemlich – soweit das möglich ist – dem, was man damals für angemessen hielt [...].[143]

Deweys Lebensprojekt lässt sich als Fußnote zu diesem Absatz verstehen. Er befürwortet die Ersetzung der Wahrheit durch die kulturelle Konvention oder »Erfahrung« und erweitert diese Idee über die Sphäre des Rechts hinaus zu einer umfassenden Theorie der liberalen Demokratie. *Erfahrung und Natur,* Deweys Hauptwerk, endet mit ausführlichen Entlehnungen aus Holmes' erwähnter Vorlesung zum »Naturrecht«. Als Holmes das Buch in hohem Alter las, klagte er über die mangelnde Eleganz seines Stils, ergänzte jedoch: »Mir war, so hätte Gott gesprochen, wenn Er sich nicht hätte ausdrücken können, aber uns unbedingt hätte sagen wollen, wie es sich verhielt.«[144] In *Deutsche Philosophie und deutsche Politik*, einem Buch, das Dewey 1915 als Kommentar zum Ersten Weltkrieg schrieb, hatte er sich bereits gegen alle transzendenten Werte stark gemacht und behauptet, dass »philosophischer Absolutismus praktisch genauso gefährlich sein kann wie [...] politischer Absolutismus«, wobei er keine Mühen scheute, um die Ursprünge des deutschen Nationalismus auf Kant zurückzuführen.[145] Der Schlüssel zum Verständnis des »Geistes Deutschlands« sei die Unterscheidung, die Kant zwischen »Natur« und »Freiheit« trifft, um eine transzendente Metaphysik zu verteidigen, die eine kategorische Pflicht als »oberstes Gesetz des Handelns« behauptet.[146] Es ist bemerkenswert, dass die Würde des Menschen als kategorische Wahrheit, die hier als »absolut« etikettiert und vom Vater des modernen amerikanischen Liberalismus als bezeichnend für den »deutschen Geist« von Kant bis Bismarck (und vermutlich bis hin zu Hitler) verachtet wird, eigentlich eine amerikanische Tradition ist, die von der Unabhängigkeitserklärung über den Abolitionismus bis zu Abraham Lincoln reicht.

In derselben Abhandlung sieht Dewey in Nietzsche die demokratische Alternative zu Kants »Absolutismus« und damit das demokratische Gegengift zu der nationalistischen Tradition, die auf dessen Denken zurückgehe. Wo Nietzsches vermeintlich demokratische Ablehnung aller absoluten Werte – einschließlich der Menschenwürde – als Sklavenmoral ihre eigenen nationalistischen Untertöne aufweist, sprach Dewey ihn sorgfältig von jedem Verdacht frei.

Und wo diese nationalistischen Untertöne mit Antisemitismus einhergingen, war es offensichtlich die Art von Antisemitismus, die über triftige philosophische Begründungen verfügt – es seien schließlich die Juden gewesen, die den Monotheismus, die Grundlage des »Absolutismus«, in die Welt gebracht hätten. Wie Rorty später anmerken sollte: »Dewey hätte Nietzsche durchaus zustimmen können, wenn dieser schreibt: ›Der Monotheismus [...], der Glaube an einen Normalgott, neben dem es nur noch falsche Lügengötter giebt – war vielleicht die grösste Gefahr der bisherigen Menschheit‹«.[147]

Die Absage an absolute universelle Werte ist aufs Engste mit Deweys Haltung zum Bürgerkrieg verbunden. Öffentlich äußerte er sich so gut wie nicht darüber. Sidney Hook, ein langjähriger Schüler und Mitarbeiter Deweys, beschrieb dessen private Position so:

> Es gibt in Bezug auf Gewalt ein Thema, über das Dewey nie ausführlich schrieb, soweit ich weiß, das ihm aber nichtsdestoweniger am Herzen lag [...]. Das war der Amerikanische Bürgerkrieg, in dessen Schatten oder Nachwehen er sein kritisches Selbstbewusstsein entwickelte. [...] Dewey glaubte, dass es keine historische Notwendigkeit für den Bürgerkrieg gegeben habe, obwohl er einsah, dass es nach John Browns Überfall auf Harper's Ferry zu spät war für Lincolns Lösung, die darin bestanden hätte, die Sklaven durch Erwerb zu befreien. Dewey gehörte nicht zu den Bewunderern John Browns und empfand, dass Emerson, den er sehr bewunderte [...], mit seiner überspannten Verteidigung Browns aus der

> Rolle fiel. Dewey meinte, dass Lincolns Lösung finanziell weniger gekostet hätte als die tatsächlichen Kosten des Bürgerkriegs [...], ganz abgesehen von den Hunderttausenden verschwendeten Menschenleben und dem unermesslichen menschlichen Leid, der bitteren Erbschaft der Reconstruction und der verschärften Lage seither.[148]

Hinter dieser Position steht Deweys Prinzip der »Identität von Zweck und Mittel«. Demokratische Ziele, so seine Überlegung, können nur aus demokratischen Verfahren erwachsen: Kompromiss, Verhandlung, Beratschlagung, Überzeugung – nicht Umwälzung, Revolution oder Krieg. Dieses Prinzip bildet die Grundlage für Deweys »reformistische« im Gegensatz zur »revolutionären« Linken. Demokraten, so glaubte er, müssten Verbesserungen durch gesellschaftliche Organisation, juristische Auseinandersetzungen und den Gesetzgebungsprozess anstreben, nicht durch Konflikte. Während jedoch kein Zweifel daran bestehen kann, dass es von größter Bedeutung ist, sich gesellschaftlich zu organisieren – Dewey wird zu Recht als Mitbegründer von Institutionen wie der National Association for the Advancement of Colored People (NAACP) und der American Civil Liberties Union (ACLU) gepriesen –, bildete seine Reformpolitik im eigentlichen Sinne nicht die Alternative zu einer »revolutionären« Politik, sondern zur Tradition des Abolitionismus. Der Gedanke, dass die Sklaven durch Verhandlungen und *Erwerb* hätten befreit werden sollen, also in einem langen Prozess mit Kompensationen für Sklavenbesitzer, Steuersenkungen für jene Südstaaten, die die Sklaverei abbauen, und so weiter, unterstreicht die Annahme, dass vier Millionen Menschen von Rechts wegen Privateigentum waren. Wie es scheint, kann Demokratie für Dewey aus der vermeintlich gewaltlosen Idee erwachsen, dass Menschen andere Menschen besitzen können, nicht aber aus den gewaltsamen Mitteln, mit denen dieser Unterstellung ein Ende gemacht wurde.

Wenn es der Reconstruction nicht gelang, im Anschluss an den Bürgerkrieg Gleichheit herzustellen, dann nicht, weil demokratische Ziele nicht durch den radikalen Universalismus der Abolitionisten erreicht werden können. Der Grund war vielmehr, dass sich ein Unionsgedanke wie der Deweys unmittelbar nach dem Krieg durchsetzte und der Gleichheit jede Grundlage fehlt, wo ein Mensch einen anderen von Rechts wegen besitzen kann. Diejenigen, in deren Augen die Demokratie eine solche Vorstellung zulassen kann, würden auch über die Rechte der Freigelassenen verhandeln und Kompromisse eingehen. Martin Luther King schrieb in Birmingham, nur eines sei schlimmer, als »unmoralische Mittel anzuwenden, um moralische Ziele zu erreichen«, nämlich »moralische Mittel anzuwenden, um unmoralische Ziele zu erreichen«.[149] Er dachte dabei sicher nicht bewusst an Dewey. Doch wenn King die »gemäßigten Weißen« verurteilt, weil sie ein größeres Hindernis für die Emanzipation bildeten als weiße Rassisten, da ihnen »Ordnung« mehr bedeute als Gerechtigkeit, dann argumentiert er aus der absolutistischen Position, die Deweys »neuer Begriff vom Menschen« auszumerzen gedachte. Der Grundsatz, in dessen Namen acht weiße Kleriker King in einem offenen Brief als »fremden Agitator« anprangern, ist genau das: ein Plädoyer, den sogenannten Common Sense oder die Dewey'sche »Erfahrung« nicht durch Kings »Gesetz des Ewigen« zu stören.

Während Kings metaphysische Position von der Unabhängigkeitserklärung ausgeht und an Du Bois' abolitionistische Demokratie anschließt, vermachte uns Dewey die unionistische Demokratie. Für Du Bois bedeutet abolitionistische Demokratie das Bestreben, eine demokratische Tradition zu begründen, die an dieselbe moralische Verpflichtung anknüpft, welche zum Bürgerkrieg führte. Deweys Gedanke war, die metaphysische Idee des Menschen zu beseitigen, die den Krieg notwendig gemacht hatte, und sie durch den gesunden Menschenverstand oder die Erfahrung zu ersetzen, die ihn von vornherein verhindert hätten. Zur Tendenz der Intellektuellen seiner Zeit, die Reconstruction als das Scheitern einer radikalen schwarzen Politik anzuprangern, merkte Du Bois an: »Eine Tatsache und nur eine erklärt die Haltung der meisten zeitgenössischen Autoren zur Reconstruction; sie können sich Schwarze nicht als Menschen vorstellen.«[150] Das konnten sie in der Tat nicht, aber nicht aufgrund irgendeiner Rassentheorie, die sich schlechter Wissenschaft verdankte; nicht aufgrund eines aufgeklärten Universalismus gepaart mit Kants hässlichen Kommentaren in seinen Nebenvorlesungen zur Anthropologie, sondern aufgrund einer Philosophie, die von der darwinistischen Wissenschaft gestützt wurde und die Idee der Menschheit per se untergrub. Nachdem der Liberalismus die Kantische Idee des Menschen als absolutistisch und metaphysisch ausgemustert hatte, geboten Menschen nicht mehr über die kategorische Würde, die diese Idee beinhaltet. Für die breite Mehrheit, deren Menschlichkeit meist vorausgesetzt wird, mag das in Ordnung gehen. Doch Minderheiten werden so der »Abstraktion« beraubt, die über eine höhere Autorität verfügt als der gesunde Menschenverstand, die gemeinsamen Erfahrungen, Interessen oder konsensuell verabschiedeten legitimen Gesetze der Mehrheit. Und wie es die Ironie – oder die Tragödie – will, verwechseln die Progressiven eine unionistische Demokratie mit einem kantianischen Universalismus und verabschieden deshalb die Idee des Menschen, statt sich auf sie zurückzubesinnen.

IV.

Die Diskussionen über die »Identitätspolitik« mögen als ein aktuelles Phänomen erscheinen, sie gehen aber auf die 1990er Jahre zurück, und Deweys unionistischer Reformismus hat den Angriff auf die Identität von jeher geprägt. Die Identitätsliberalen, so das Argument, hätten die Wendung »wir Amerikaner« oder »wir, das Volk« als Verankerung der Politik aufgegeben. Deshalb verlege sich die identitäre Linke von der Arbeit an pragmatischen Programmen, die das Land rund um die dringenden Bedürfnisse seiner Mittelschicht einen könnten, auf eine moralische Hysterie und verstehe strukturelle Ungerechtigkeiten als persönliche moralistische Imperative. Das Resultat sei eine Pseudopolitik: ein Rückzug aus dem ernstzunehmenden öffentlichen Engagement in weltabgewandte Philosophieinstitute, in denen die Gesellschaft in eine Feier von Differenz und in viktimisierte Opfergruppen zerlegt wird. In *Stolz auf unser Land,* seinem gerühmten liberalen Manifest zur Wiederbelebung des linken Denkens im Amerika des

20. Jahrhunderts, drängte Rorty die Progressiven, sich des französischen Postmodernismus, der in den »Kulturkriegen« Prominenz erlangt hatte, zu entledigen und ihn durch Deweys reformorientierten Pragmatismus zu ersetzen. Nur ein solcher Reformismus, wie er sich etwa in Roosevelts New-Deal-Politik verkörpere, könne die Einheit wahren und den amerikanischen »Nationalstolz« schützen. Gingen Stolz und Einheit verloren, warnte Rorty, »werde es einen Bruch geben«, und die Amerikaner würden »einen starken Mann wählen wollen, der ihnen verspricht, daß unter ihm die feinen Bürokraten, raffinierten Anwälte, überbezahlten Anlageberater und postmodernistischen Professoren nicht mehr das Sagen haben«.[151] Als Trump zwanzig Jahre nach *Stolz auf unser Land* mit einer roten »Make America Great Again«-Kappe gewählt wurde – und die amerikanischen Progressiven sich in endlose Kämpfe über die neuesten Intersektionalitäts-, Postkolonialismus-, Gender- und Critical-Race-Theorien verstrickt hatten –, entdeckten viele Beobachter Rorty als Orakel wieder.

Mark Lillas Angriff auf das Konzept der Identität in *The Once and Future Liberal*, das aus seinem vielgelesenen *New-York-Times*-Gastkommentar »The End of Identity Liberalism« hervorgegangen ist, leitete diese Rückkehr zu Rorty ein.[152] Lilla erwähnte Rorty kein einziges Mal und würde sein Denken auch nicht als eine »linke« Vision fürs 21. Jahrhundert bezeichnen. Doch unterbreitete er nun einmal den bislang ausgefeiltesten Versuch, der Identitätspolitik eine Wiederbelebung von Rortys Dewey'schem Ideal eines patriotischen Reformismus entgegenzusetzen. Lilla zufolge lässt sich die amerikanische politische Geschichte des vergangenen Jahrhunderts als Geschichte des Aufstiegs und Niedergangs zweier politischer »Zeitalter« beschreiben, die ihren je eigenen »Katechismus« hatten und unterschiedliche Visionen von »Amerikas Bestimmung« speisten.[153] Zunächst gab es die Ära Roosevelt, die sich vom New Deal der 1930er Jahre bis zu den späten Sechzigern erstreckte und ein politisches Programm verfolgte, das auf der »Staatsbürgerschaft« beruhte. An sie schloss sich die Ära Reagan an, die statt einer liberalen eine libertäre Politik betrieb. Sie machte alles rückgängig, worum es Roosevelt gegangen war, setzte nicht auf »Solidarität«, sondern auf Individualismus und hielt das Unternehmertum gegenüber der Staatsbürgerschaft oder dem »kollektiven Handeln« hoch. Es ist nur angemessen, dass dieses libertäre Zeitalter in der Figur Trump gipfelte, einem »opportunistischen, prinzipienlosen Populisten«.[154]

Die fortschrittlichen Kräfte, so die Argumentation, hätten in den vergangenen vierzig Jahren keine alternative Vision von Amerikas »gemeinsamer Bestimmung« entwickelt.[155] Stattdessen hätten sie sich an der Zerlegung der Politik in antipolitische »Elementarteilchen« beteiligt und die liberale Politik in eine Bühne für pseudopolitische Dramen verwandelt, deren Handlung durch individuellen »Selbstausdruck« ersetzt worden sei.[156] Dieser »narzisstische«, »reaktive«, »ressentimentgeladene«, »spaltende« Ansatz konnte die große Mehrheit der amerikanischen Bürgerinnen und Bürger nur vor den Kopf stoßen.[157]

Lilla wurde von mindestens einem Autor als »weißer Suprematist« verunglimpft, was aber seine Behauptung nur bestätigt, dass den gegenwärtigen Verfechtern der Identität die »Reinheit« von Aussagen wichtiger ist als ihre »Wahrheit«. Jede, die mit der Atmosphäre an amerikanischen Universitäten und in sonstigen Intellektuellenkreisen vertraut ist, wird bei dieser Argumentation aufhorchen müssen. In den Jahren, die seit den erregten Debatten um Lillas Intervention vergangen sind, hat Trump das Präsidentenamt verloren, der Trumpismus aber ist zum Mainstream geworden. Gleichzeitig hat der Identitätsjargon noch aggressivere, polarisierendere und extremere Züge angenommen.

Ein frühes Beispiel für den gegenwärtigen Identitätskomplex war der Streit, der 2017 um »Open Casket« ausbrach, ein Gemälde der Künstlerin Dana Schutz. Das Bild vom verstümmelten Körper Emmett Tills, eines afroamerikanischen Kinds, wurde auf der Biennale des Whitney Museum of American Art gezeigt und löste Empörung aus – eine weiße Künstlerin erlaubte es sich, über schwarzes Leid zu arbeiten.[158]

Der Hintergrund dazu will erläutert sein. Im August 1955 besuchte Till, der in Chicago aufgewachsen war, seinen Großonkel in Money, Mississippi, für einen Sommerurlaub. Am frühen Morgen des 28. jenes Monats wurde der Vierzehnjährige von weißen Männern unter der Beschuldigung, er habe respektlos zu einer weißen Frau gesprochen, verschleppt, gefoltert und schließlich gelyncht. Zur Bestattung mit offener Aufbahrung, die Tills Mutter, Mamie Till-Mobley, in Chicago abhielt, kamen zehntausende Trauernde. *The Chicago Defender* druckte ein Bild von Tills offenem Sarg und zwang damit die amerikanische wie die internationale Öffentlichkeit, in seinem Leichnam das barbarische Antlitz jenes Amerika zu erblicken, das an der Reconstruction gescheitert war und die Jim-Crow-Gesetze beibehielt. Der Fall hatte auch eine internationale Dimension: Da sich der amerikanische Liberalismus inmitten der Systemkonkurrenz mit der Sowjetunion um das Paradigma von Gleichheit und Gerechtigkeit befand, rückte Tills verstümmelter Körper die liberale Demokratie in ein schlechtes Licht. In einer Predigt zum Muttertag 1963 sprach Martin Luther King Jr. vom »Weinen eines kleinen Emmett C. Till, das aus den rauschenden Gewässern Mississippis schallt«.[159] Kings berühmte »I Have a Dream«-Rede wurde am Fuß der riesigen Lincoln-Statue des Lincoln Memorials vor hunderttausenden von Zuhörern gehalten, die am 28. August 1963 am Marsch auf Washington teilgenommen hatten – auf den Tag genau acht Jahre nach Tills Tod.

Schutz' »Open Casket« ist ein großes Gemälde der ursprünglichen Abbildung aus dem *Defender*. Seine ästhetische Wirkung entsteht durch die schmerzhafte Vermischung von Inhalt und Form: Die Wahrnehmung verschwimmt zwischen der gebrochenen Perspektive – Schutz malt oft Teile ihrer Gegenstände aus unterschiedlichen Blickwinkeln – und Tills deformiertem Leichnam. Die naiven Farben des Bilds, ebenfalls ein Markenzeichen von Schutz, erwecken den Eindruck eines verzweifelten Versuchs, dem Jungen von dem alten *Defender*-Schwarz-Weiß-Foto eine kindliche Fröhlichkeit zu verleihen. Es lässt sich darüber streiten, ob das Bild ästhetisch gelungen ist, aber darum geht es nicht. Es geht darum, dass Schutz weiß ist. Ein Manifest der schwarzen Künstlerin Hannah Black rief die Kuratorinnen und Kuratoren des Whitney Museum dazu auf, das Bild zu entfernen. Der als Petition angelegte und weit verbreitete Brief enthielt

»die dringende Empfehlung, das Bild zu zerstören«, weil es »schwarzen Schmerz« als »Rohmaterial« für die Kunst ausbeute:

> Dass nicht einmal der entstellte Leichnam eines Kindes ausreichte, um den weißen Blick von seiner gewohnten kalten Berechnung abzuhalten, zeigt sich täglich auf tausenderlei Weise, nicht zuletzt in dem Umstand, dass dieses Gemälde überhaupt existiert. Kurz gesagt: Das Bild sollte für niemanden akzeptabel sein, der an Schwarzen Menschen Anteil nimmt oder es vorgibt, weil es inakzeptabel ist, dass eine weiße Person Schwarzes Leid in Profit und Unterhaltung verwandelt [...]. Obwohl es Schutz' Absicht sein mag, die weiße Schande vor Augen zu führen, ist diese Schande als Gemälde eines toten Schwarzen Jungen von einer weißen Künstlerin nicht richtig dargestellt – die Nichtschwarzen Künstler:innen, die den schändlichen Charakter der weißen Gewalt ernsthaft hervorheben wollen, sollten zunächst einmal aufhören, den Schwarzen Schmerz als Rohmaterial zu verwenden. Das Thema ist nicht das von Schutz; die weiße Redefreiheit und künstlerische Freiheit sind auf dem Zwang gegen andere Menschen begründet worden und keine natürlichen Rechte. Das Bild muss weg.[160]

Der Ausdruck war damals noch nicht gebräuchlich, doch gab das Manifest das Stichwort für die anschließenden Kontroversen um die »Cancel Culture«. Und wenn »Open Casket« wirklich weg muss, lässt sich mühelos eine lange Liste unzulässiger Kunstwerke erstellen, die ebenfalls zu entfernen, wenn nicht zu zerstören wären – und auf der dürfte sich Gerhard Richters »Birkenau«-Zyklus ziemlich weit oben befinden. Gemessen an den Standards des Manifests lässt sich diese Bilderfolge – eine deutsche »Aneignung« der jüdischen Perspektive aus dem Innern der Gaskammern von Auschwitz, oder eigentlich ein deutscher »Blick«, der sie übermalt, auslöscht – leicht als eine Verwendung jüdischen Leidens als »Rohmaterial« hinstellen.[161] Einstweilen ist das Werk im Foyer des Reichstags zu sehen.

Schutz' »Open Casket« blieb während der Biennale im Whitney hängen, ergänzt um eine schriftliche Erklärung. Sie könne nicht »wissen«, wie es ist, »in Amerika schwarz zu sein«, führte Schutz aus, aber sie wisse sehr wohl, »was es heißt, eine Mutter zu sein«, und »Emmett war Mamie Tills einziger Sohn«.[162] Anders gesagt, Schutz pflichtete den Grundsätzen ihrer Kritikerinnen völlig bei, bezog sich aber auf ihre eigene Identität als Frau und Mutter, um ihre Kunst zu legitimieren. Man kann ohne große Übertreibung sagen, dass sie demnach ihren Namen ebenfalls unter die Petition hätte setzen können, die zur Zerstörung ihrer Arbeit aufforderte. Sie akzeptierte die Prämisse, dass das Gemälde, hätte sie nicht irgendeine vermeintlich angemessene Identität, »weg« gemusst hätte.

Die einzige Möglichkeit, Schutz' Arbeit vor dieser Logik zu retten, besteht darin, die Künstlerin wie ihre Kritiker daran zu erinnern, dass weder die schwarze noch die weibliche, noch die jüdische Erfahrung in irgendjemandes Besitz sein kann. Diejenigen, die sich habituell über »Aneignung« beschweren, offenbaren damit nur ihre Annahme, dass menschliches Leid von seinen rechtmäßigen Eigentümern als »Rohmaterial« verwendet werden darf. Das Problem an dieser Logik besteht darin, dass alles, was von jemandem besessen werden kann, auch von jemand anderem besessen werden kann; das ist im Wesentlichen eine Frage des Preises. Nur ein unzulängliches Verständnis menschlichen Leids kann zu der instrumentellen Annahme führen, dass ich, weil ich jüdisch bin, ein Recht darauf haben kann, das jüdische Leid zu kennen und zu besitzen oder zu verwenden. Allerdings impliziert die Tatsache, dass kein menschlicher Schmerz jemandes Eigentum sein kann, nicht, dass er nicht Gegenstand der Kunst sein kann. Im Gegenteil, er muss in künstlerischem Schaffen verarbeitet werden, in diesem einzigen Medium menschlichen Handelns, dem es möglich ist, die vorherrschende Reduktion des Denkens auf eine instrumentelle Verwendung zu überwinden. Im peinlich ehrlichen Wortlaut des Manifests gegen »Open Casket« ist die Überwindung einer solchen instrumentellen Logik nichts, was die Kunst zu vollbringen vermöge – diese ist lediglich ein Mittel für »Profit und Unterhaltung«.

Sowohl Schutz als auch ihre Kritikerinnen müssen mithin daran erinnert werden, dass der Autor, wie Gott, tot ist. Wenn es so etwas wie Kunst gibt, dann ist sie nur möglich, weil Künstler nicht autoritär die Bedeutung ihrer Schöpfungen festlegen. Im Zeitalter der Identität jedoch ist der Autor durchaus nicht tot. Alles dreht sich um den Autor; die Bedeutung seines Werks ist vollständig vom Horizont seiner konkreten biologischen, konventionellen und historischen Perspektive bestimmt. Die Dekonstruktion des Autors wurde einst als emanzipatorischer Schritt verstanden, der über das Potenzial verfügte, Texte und damit ganze Kulturen von den hegemonialen Autoritäten zu befreien, die ihren Sinn festlegten. Einem Michel Foucault oder Roland Barthes erschien die Frage »wer spricht?« obszön; wir aber sind zum Ausgangspunkt einer Kultur zurückgekehrt, die diese Frage fetischisiert – darin besteht das primäre Interesse an der Kunst und allem, was mit ihr zusammenhängt. Wer spricht, und mit welchem Recht?

Könnte Schutz ihren Kritikerinnen antworten, dass sie Emmett Till als ein menschliches Wesen gemalt hat? Könnte sie sagen, dass sie als eine Weiße nicht weiß, was es heißt, in Amerika schwarz zu sein, und dass sie nicht wissen kann, wie es war, den verstümmelten Körper des eigenen Kindes zu sehen und zu zeigen – nicht einmal als eine Mutter (und wie vermessen wäre irgendeine Künstlerin zu glauben, sie könne es, einfach weil sie schwarz ist!)? Und könnte sie sagen, dass sie dennoch versuche, an eine Erfahrung heranzureichen, die nicht die ihre ist, um eine Kunst zu erschaffen, die so wenig auf ein Wissen und seine Verwendung als »Rohmaterial« zu reduzieren ist, wie Menschen es sind? Das Verhältnis zwischen Kunst und menschlicher Freiheit war einmal genau dies: das Bemühen, einen am Faktischen orientierten Wahrheitsbegriff zu überwinden; über die unbefriedigende Alternative zwischen Tatsachen und falschen Tatsachen hinauszugelangen, die unsere instrumentelle Einstellung zur Welt dominiert; eine Erfahrung zu suchen, die nicht an die eigene private Identität, Erfahrung, Interessenlage, Perspektive gebunden ist. Und doch ist genau das der Punkt: Die Unmöglichkeit einer solchen primären menschlichen Perspektive ist die Grundannahme, die sowohl die Identitätsprogressiven als auch ihre liberalen Kritiker teilen.

Für ein besseres Verständnis dieser Gemeinsamkeit lohnt es sich, einen Blick in Roland Barthes' Essay »Der Tod des Autors« zu werfen.[163] Auf den ersten Blick scheint der französisch postmoderne Titel eine antiuniversalistische, gegenaufklärerische These anzukündigen, und das mag durchaus Barthes' eigene Perspektive beim Schreiben gewesen sein. Der Aufsatz richtet sich jedoch nicht gegen die Aufklärung, sondern gegen einen speziellen Strang der Bewegung – nämlich den positivistischen, der den Universalismus untergrub. Zurecht weist Barthes darauf hin, dass voraufklärerische Gesellschaften Autoren als Autoritäten keine Bedeutung beimaßen, die aufgeklärten »Positivisten« hingegen das Prestige der Autoren entdeckten. Für frühere Gesellschaften waren Autoren Schamanen oder Priester – allenfalls wurde ihre »Performanz« bewundert, während sie selbst nur Vermittler waren, berufen von einer höheren Instanz, die nicht die *ihre* war. Der Naturalismus der Aufklärung beseitigte die Möglichkeit eines solchen höheren Auftrags und reduzierte damit die Kunst aufs Individuum: Es war »also logisch«, dass diese Entwicklung, »diese Kurzfassung und Vollendung der kapitalistischen Ideologie, […] der ›Person‹ des Autors die größte Bedeutung beigemessen hat«.[164]

Durch seine Reduktion von Sinn auf die Person des Autors gipfelt der aufgeklärte Positivismus allerdings in einer relativistischen Ideologie. Sinn sei demnach nie universell; er sei für immer an die Identität des Autors gebunden. Barthes übersieht, dass der größte Gegner dieser Reduktion der Autorität auf den Autor kein anderer ist als Kant, der den Tod des Autors als notwendige Voraussetzung des Universalismus ansah. Adorno bringt dies in seinen Vorlesungen über die *Kritik der reinen Vernunft* auf den Punkt, wenn er sagt, Aufklärung hänge davon ab, »jenes fatale ›als‹« zurückzuweisen, diese Klausel, auf die man trifft, »wenn etwa Menschen in Diskussionen sagen: ›ich *als Deutscher* kann das und das nicht akzeptieren‹, oder: ›ich *als Christ* muß mich in dieser Sache so und so verhalten‹.«[165] Wenn Barthes sagt, das Schreiben sei »das Schwarzweiß, das jede Identität [...] verlorengehen läßt«, formuliert er eine universalistische Grundeinstellung gegen den Aufklärungspositivismus.[166] Die Zerstörung »jedes Ursprungs« – der Identität des Autors, die Kant als seine private Perspektive bezeichnet hätte – im Schreiben ist eine Voraussetzung öffentlichen Denkens, also des universellen Selbstdenkens. Das ist die Perspektive, die die identitäre Linke *und* die Dewey'schen Liberalen leugnen. Für sie ist jegliches Denken privat; die Vorstellung, über den Horizont der eigenen kontingenten historischen Konventionen, Intuitionen, Geschichten, Vorurteile, Wünsche oder Sprachen, den Dewey »Erfahrung« nennt, hinauszugehen, wird von beiden Seiten als »abstrakte« und »metaphysische« Fiktion zurückgewiesen.[167]

V.

Wenn wir nun die Bedrohung des Denkens durch seine Reduktion auf Identität ernst nehmen, müssen wir freilich auch die angeblich universalistische Alternative hinterfragen, die die liberalen Kritiker der Identität im Angebot haben. Bei Rorty fallen wir auf die Ersetzung des abstrakten Humanismus durch etwas »Ortsgebundenes und Ethnozentrisches« zurück, mithin jenen vom »Nationalstolz«

abhängigen Korpus gemeinsamer Konventionen, der den Sinn des Wortes »wir« bestimmt.[168] Auch bei Lepore wird der Liberalismus durch »ein Plädoyer für die Nation« gerettet, und bei Lilla gibt es »keine liberale Politik ohne ein *Wir*-Gefühl«.[169] Die einzige Antwort auf die populistische Demagogie auf der einen Seite und die postmoderne Identität auf der anderen ist für Lilla die Zuflucht zu »etwas, das wir als Amerikaner alle teilen, das aber nichts mit unseren Identitäten zu tun hat«.[170] Mit ihrer Unterminierung des »universellen demokratischen *Wir*, auf dem sich Solidarität begründen lässt«, klagt Lilla, hätten die Progressiven »Staatsbürger eher abgeschafft als geschaffen«.[171] »*Wir* ist, wo alles beginnt.«[172]

Das ist der Kerngedanke der liberalen Alternative zur Identität, aber auch die größte liberale Bürde. Nachdem die Wahrheit, die die Menschheit verband, ausgemustert wurde, besteht zwischen Wir-Liberalismus und Identitätspolitik keine klare Grenze mehr. Sobald man den abstrakten Begriff der Menschheit zurückweist, darin wäre sich Kant mit den Kritikerinnen des Liberalismus einig gewesen, ist die postmetaphysische Reinkarnation einer unionistischen Politik selbst nur eine Form von Identitätspolitik: nicht von schwarzen Menschen, LGBTQ-Vertreterinnen, Feministen oder Angehörigen anderer Minderheiten, sondern von all jenen, die sich wohl dabei fühlen, eine politische Debatte mit dem Ausdruck »wir Amerikaner«, »wir Deutschen«, »wir Israelis« zu beginnen.

Für wahre Universalisten aber sollte das »Wir« nie der *Beginn* von Politik sein; es kann lediglich ihr niemals endgültiges Resultat sein. Für die Politik dreht sich die wichtigste

Debatte – und manchmal ein Krieg – darum, wer in dieses »Wir« einbezogen wird, wofür der amerikanische Bürgerkrieg das offensichtlichste Beispiel darstellt. Eine universalistische Politik muss in einer Veränderung dessen bestehen, wer »wir« sind und wie »wir« unsere Werte verstehen, und zwar nicht im Verhältnis zu unseren vergangenen Identitäten, Werten und Geschichten, sondern im Verhältnis zu einer Verpflichtung auf die Wahrheit, die unsere Interessen, Intuitionen und Bequemlichkeit übersteigt – und darüber entscheiden wird, wer wir in Zukunft sein werden. Das war die Bedeutung von Lincolns Geste in Gettysburg, mit der er der Nation zu einer »Wiedergeburt« verhalf, indem er ihre Identität veränderte, nämlich auf die Wahrheit ausrichtete. Und das ist genau der Schritt, den die identitäre Linke und die liberale Mitte als metaphysisch ablehnen.[173]

Lilla scheint sich dieses Problems zumindest halb bewusst zu sein, ergänzt er die Wörter »wir« und »Staatsbürger« doch wiederholt um das Adjektiv »universell«. Und in kurzen, gereizten Fußnoten versucht er, die Frage, wer als Staatsbürgerin gilt, beiseite zu wischen als ein »Zeichen, wie vergiftet unser politischer Diskurs geworden ist«.[174] Ob vergiftet oder nicht, ist das aber die Frage, an der sich seine »universalistische« Kritik der Identität selbst als identitär erweist. Das Wort »wir« ist nie universell; eine patriotische Politik ist keine kosmopolitische Politik. Aus dem gleichen Grund ist auch eine »universelle Staatsbürgerschaft« ein Widerspruch in sich. Kurz gesagt, der Liberalismus ist kein Humanismus: Diejenigen, die heute von einem universellen »Wir« sprechen, sind privilegiert genug – das scheint der richtige Ausdruck zu sein –, um zu vergessen, dass ihre Betonung des »Wir« überhaupt erst ersonnen wurde, um sich der Verpflichtung gegenüber der Menschheit zu entledigen.

In denselben Verrat am Universalismus verstrickt sich auch der Liberalismus eines John Rawls. Er rühmt sich einer Idee von Gerechtigkeit, die »politisch, nicht metaphysisch« ist, und stellt deshalb einen Rahmen für eine unionistische Demokratie zur Verfügung, die mit einem »Wir« beginnt und für »uns« maßgeblich ist.[175] »Die Philosophie, verstanden als Suche nach der Wahrheit einer unabhängigen metaphysischen und moralischen Ordnung«, schreibt Rawls, kann »in einer demokratischen Gesellschaft keine brauchbare gemeinsame Basis für eine politische Gerechtigkeitskonzeption bereitstellen«.[176] Eine metaphysische »moralische Ordnung« wird somit durch einen Konsens ersetzt:

> Weil nun […] *Gerechtigkeit als Fairneß* als eine politische [d. h. nicht metaphysische, OB] Gerechtigkeitskonzeption für eine demokratische Gesellschaft gedacht ist, versucht sie ausschließlich *auf grundlegende intuitive Gedanken* [meine Hervorh., OB] zurückzugreifen, die in den politischen Institutionen eines demokratischen Verfassungsstaates und den öffentlichen Traditionen ihrer Interpretation verankert sind. *Gerechtigkeit als Fairneß* ist zum Teil deshalb eine politische Konzeption, weil sie von einer bestimmten politischen Überlieferung ausgeht. Wir hoffen, daß sie zumindest durch einen, wie ich ihn nennen möchte, *übergreifenden Konsens* gestützt wird, das heißt einen Konsens, der alle widerstreitenden philosophischen und religiösen Lehren einschließt, die mutmaßlich in einer

> mehr oder weniger gerechten konstitutionellen demokratischen Gesellschaft bestehen bleiben und Anhänger gewinnen werden.[177]

Wenn Rawls in unseren Tagen von Freund wie Feind als kantianischer Universalist verstanden wird, dann deshalb, weil wir uns weit von dem genuinen Verständnis des Begriffs entfernt haben. Seine Ersetzung der Wahrheit durch den Konsens vermittels der »Intuitionen« derer, die aus »einer bestimmten politischen Überlieferung« heraus sprechen, ist die robusteste Ersetzung von Kants abstrakter Verpflichtung gegenüber der Menschheit durch Deweys naturalisierte, von einer Gruppe geteilten Erfahrung. Unsere Intuitionen sind nichts anderes als *Tatsachen* über uns und insofern unfähig, uns Pflichten aufzuerlegen, die nicht in unserer »Überlieferung« gründen – also unserer Identität. Rawls' Idee des überlappenden Konsenses ist nichts weiter als die gängigste Weise, wie der Demokratie Vorrang vor der Philosophie eingeräumt wird, während »ortsgebundene und ethnozentrische« Überzeugungen, die den Sinn des Wortes »wir« bestimmen, Vorrang vor der universellen Idee der Gerechtigkeit erhalten. Wahrscheinlich bringt nichts den Triumph des Unionismus über den Abolitionismus, über Gettysburg und die Unabhängigkeitserklärung so zum Ausdruck wie seine Losung »politisch und nicht metaphysisch«.

In den Jahren vor dem Bürgerkrieg hatten Emerson und Thoreau behauptet, dass ein solcher Unionsgedanke untrennbar mit einem Konformismus jener Sorte verbunden ist, vor der Tocqueville in *Über die Demokratie* in Amerika gewarnt hatte. Seiner Ansicht nach droht eine Tyrannei der

Mehrheit, sobald die »Gleichheitslehre« auf »den Geist übertragen wird«.[178] Wo alle Gedanken den gleichen Wert haben, sind falsche so gut wie wahre. Da aber ein unabhängiger Wahrheitsstandard dieser Gleichheit widerspricht, wird er abgeschafft und durch etwas ersetzt, dem alle zustimmen können – den Konsens. Das Resultat ist die Überzeugung, dass »in vielen Menschen mehr Einsicht und Weisheit beisammen seien als in einem allein« beziehungsweise jenen wenigen, die vielleicht der Wahrheit folgen und der allgemeinen Meinung widersprechen – sie werden durch diese Logik als Fanatiker aussortiert.[179]

Die Gefahr eines solchen Konformismus, auf die Tocqueville hinweist, besteht darin, dass er es den Wünschen der Mehrheit ermöglicht, nicht nur mittels physischer Drohungen oder staatlicher Macht durchgesetzt zu werden – im Stile früherer Tyrannen –, sondern als legitime Autorität. Sobald die höhere metaphysische Autorität der Wahrheit verneint wird, ist der einzige Standard, der Legitimität verleihen *kann,* das, worauf alle sich zu einigen vermögen – oder jedenfalls alle, die einbezogen sind. Eine solche verinnerlichte moralische Autorität kann nicht nur bestimmen, was Menschen sagen oder tun, sondern auch, was sie denken und wollen – ein Ausmaß an Kontrolle der Massen, das die alten Tyrannen nicht im Traum für möglich gehalten hätten. In einer Passage, die Adorno und Horkheimer als zentrale Säule ihrer *Dialektik der Aufklärung* aufgreifen sollten, bemerkt Tocqueville:

> Ketten und Henker sind die groben Werkzeuge, die einst die Tyrannei verwandte; heutzutage hat die Kultur selbst

> den Despotismus vervollkommnet […]. Die Fürsten hatten gleichsam die Gewalt materialisiert; die demokratischen Republiken der Gegenwart haben sie ins Geistige gewandelt gleich dem Willen, den sie zwingen wollen. Unter der unumschränkten Alleinherrschaft schlug der Despotismus in roher Weise den Körper, um die Seele zu treffen […]; in den demokratischen Republiken jedoch geht die Tyrannei nicht so vor; sie übergeht den Körper und zielt gleich auf die Seele.[180]

Emerson und Thoreau wussten nur zu gut, dass Körper in Amerika mitnichten »übergangen« wurden, als diese Zeilen entstanden. Millionen von Sklaven wurden nicht nur durch die Macht der Peitsche unterdrückt, sondern durch Normen und eine Rechtsstaatlichkeit, die ihre Legitimität aus dem Konformismus bezog.

Und in der heutigen politischen, philosophischen, soziologischen Realität? Wie kommt die Lehre von der »Gleichheit der Geister« zur Geltung, wenn nicht durch die Privatisierung der Wahrheit? Worin besteht die Tyrannei der Mehrheit, wenn nicht in dem Gedanken, dass die Gerechtigkeit durch einen »überlappenden Konsens« ersetzt wird, während eine unabhängige Gerechtigkeit als »metaphysisch« und damit ungeeignet für »moderne demokratische Gesellschaften« ausgeschlossen wird? Nach Jahrzehnten der unionistischen Dominanz über das liberale Denken sind die von Tocqueville beschriebenen gesellschaftlichen Faktoren, die den amerikanischen Geist in die Tyrannei der Mehrheit führen, allein schon durch Rawls' Methode in die Philosophie eingegangen.

In einem kurzen Essay von 1996 buchstabiert Rorty die Konsequenzen eines solchen »Wir-Liberalismus« mit entwaffnender Offenheit aus.[181] Wenn wir Kants abstrakten Begriff der Menschheit einmal überwunden hätten, so seine These, würde die Frage nach unserer Identität – wer sind wir? – zur grundlegenden Frage der Philosophie. Sie sei die Frage, die »immer schon beantwortet worden ist, wenn wir andere Fragen beantworten«.[182] Statt unsere Politik gegenüber einem absoluten Sollen zu rechtfertigen, rechtfertigten wir uns im Verhältnis zu dem »Korpus gemeinsamer Überzeugungen«, den Rawls als »intuitive Gedanken« und Dewey als »Erfahrung« bezeichnet.[183] Was wir tun oder nicht tun werden, um Gleichheit oder Gerechtigkeit zu erreichen, wen wir in unser Gespräch darüber einbeziehen oder von ihm ausschließen, wird selbst dadurch bestimmt, dass wir uns gegenüber jenen rechtfertigen, die es »immer schon« mit uns teilen. Rorty erläutert:

> Richter Posner schrieb: »Die sehr hohe Kriminalitätsrate junger schwarzer [amerikanischer] Männer ist ein Aspekt der pathologischen Situation der schwarzen Unterschicht, doch scheint es für diese Lage keine Heilmittel zu geben, die gleichermaßen politisch machbar und erfolgversprechend sind.« In dem Kontext, in dem Posner schreibt, heißt »politisch machbar« so viel wie »mit der Tatsache vereinbar, dass sich die amerikanische Mittelschicht keine Steuern auferlegen lassen wird, um die Kinder der Unterschicht zu retten«. Diese mangelnde Bereitschaft erzeugt eine Situation, in der diese Kinder keine Hoffnung auf eine faire Chance im Leben haben. Vor-

> herzusagen, dass es bei dieser mangelnden Bereitschaft bleiben wird, läuft darauf hinaus, dass es in Zukunft kein »Wir« mehr geben wird, welches die politische Schicht der USA und jene Unterschichten-Kinder in einer moralischen Gemeinschaft vereint. Wenn Posners Einschätzung der politischen Machbarkeit zutrifft, dann gehören diese schwarzen Kinder ebenso wenig zu »uns, dem Volk der Vereinigten Staaten«, wie ihre versklavten Vorfahren, als die Verfassung geschrieben wurde.[184]

Mit diesem Satz zeigt die unionistische Demokratie von Holmes bis Rawls ihr wahres Gesicht. So wenig wie die Unionisten Menschenleben, Geld und das Gedeihen des amerikanischen Marktes geopfert hätten, um die Schwarzen zu emanzipieren, die nach ihrem gesunden Menschenverstand und ihrer Intuition ohnehin minderwertig waren, können »Wir-Liberale« eine Verpflichtung erkennen, ihr Leben zu ändern, um »schwarze Kinder zu retten«. Wenn die Wahrheit einst über dem Konsens stand und so die amerikanische Mittelschicht in die Pflicht nahm, dann erscheint sie hier als die absolutistische Voraussetzung, die der Liberalismus abschaffte. Rorty weitet diese Vision anschließend ins Globale aus:

> [N]ehmen wir an, es gebe keinen denkbaren Weg, den ärmeren fünf Milliarden Bürgern der Mitgliedstaaten der Vereinten Nationen angemessene Lebenschancen zu ermöglichen und dabei gleichzeitig die demokratischen sozialpolitischen Institutionen intakt zu halten, die der reicheren Milliarde am Herzen liegen [...]. Dann werden sie

> [die letzteren] beginnen, die unglücklichen armen fünf Milliarden im Hinblick auf ihr moralisches Seelenheil als überschüssig zu behandeln, als Faktor, der in ihrem moralischen Leben keine Rolle spielen kann. Die glücklichen Reichen werden rasch unfähig werden, die unglücklichen Armen als ihre Mitmenschen zu betrachten, als einen Teil desselben »Wir«.

> [D]iejenigen, die entscheiden, was machbar ist, beantworten die Frage »wer sind wir?«, indem sie bestimmte menschliche Wesen von der Mitgliedschaft im »Wir, die wir gute Überlebenschancen haben« ausschließen. Wenn wir erkennen, dass es nicht machbar ist, eine bestimmte Person oder Gruppe zu retten, dann ist das, als ob sie bereits vor uns in den Tod gegangen wäre. Solche Menschen sind, wie wir sagen, »tot für uns«. Das Leben, sagen wir, ist für die Lebenden.[185]

Das Maß des Machbaren ist unsere eigene Identität und in unserer eigenen Lebensweise verkörpert. Und es ist an uns, die Frage zu beantworten, welchen Lebensstandard wir aufs Spiel setzen würden und für wen; ob wir schwarze Kinder weiterhin als Teil des amerikanischen Volkes betrachten (oder nicht) und wen auf der Welt wir als Mitmenschen anerkennen. Noch nie trug sich das Kainsmal leichter. Das Leben, sagen wir, ist für die Lebenden; *soll ich meines Bruders Hüter sein?*

Es ist ja gerade sozusagen das extrem Umgekehrte des Gehorsams! Jeder ist Gesetzgeber. Kein Mensch hat bei Kant das Recht zu gehorchen.

Hannah Arendt

3.

DIE ABRAHAMITISCHE UNTERSCHEIDUNG ODER WAS AUFKLÄRUNG IST

I.

Kants Antwort von 1784 auf die Frage »Was ist Aufklärung?« ist bekannt. *»Aufklärung«*, schreibt er, *»ist der Ausgang des Menschen aus seiner selbst verschuldeten Unmündigkeit«*; Unmündigkeit wiederum »ist das Unvermögen, sich seines Verstandes ohne Leitung eines anderen zu bedienen«.[186] Diese Definition ist so geläufig geworden, dass es uns heute schwerfällt, an ihr zu zweifeln oder sie in Frage zu stellen, ja dass wir kaum noch das Bedürfnis verspüren, ihr auf den Grund zu gehen. Da aber die Freiheit, selbst zu denken, bei Kant die Grundlage für den absoluten Wert des Menschen darstellt – also für seine Definition der Menschheit in moralischen statt biologischen Begriffen –, macht es einen doch stutzig, dass die Frage nicht öfter oder wenigstens überhaupt einmal gestellt wird: Was heißt es eigentlich, sich seines Verstands zu bedienen? Was heißt es, selbst zu denken?

Die geradlinige Antwort, die Kant im Text gibt – selbst zu denken heißt, niemand anderem Autorität über unser Denken einzuräumen –, ist plausibel, aber als rein negatives Kriterium kaum hinreichend. Sie sagt uns lediglich, was selbst zu denken nicht heißt. Unsere Verlegenheit wächst, wenn wir auf die beiden Ausrufezeichen stoßen, die Kant in seinen Text einbaut und die unterstreichen, dass seine negative Definition keine Beschreibung enthält, sondern ein Gebot. »Sapere aude! Habe Muth dich deines *eigenen* Verstandes zu bedienen!«[187] Wer kein Kind der Aufklärung im schlechtesten Sinne des Wortes ist, muss sich fragen: Gilt *diesem* Gebot zu folgen als selbständiges Denken?

Für ein angemessenes Verständnis der Bedeutung von Kants Behauptung, Aufklärung bedeute, sich seines Verstandes »ohne Leitung eines andern zu bedienen«, ist es zunächst wichtig, ihre Kontinuität mit Spinozas Definition und Ablehnung der Prophetie im *Theologisch-politischen Traktat* zu erkennen. Prophetie, schreibt Spinoza, »ist die von Gott den Menschen offenbarte sichere Erkenntnis einer Sache«. Ein Prophet ist »derjenige, der das von Gott Offenbarte *denen verdolmetscht, die eine sichere Erkenntnis des von Gott Offenbarten nicht haben*«.[188] Spinoza beginnt den *Theologisch-politischen Traktat* – den Startschuss der Radikalaufklärung, wie manche sie nennen – mit einer Thematisierung und Zurückweisung der Prophetie, weil auch er Aufklärung als Verweigerung der Autorität anderer über unser Denken definiert. Auf den ersten Blick verstehen Spinoza und Kant Aufklärung also auf die gleiche Weise: als Weigerung, unser Denken an der Autorität eines anderen zu orientieren – eines anderen, der mithin nach Spinozas Definition ein Prophet ist.

Ein näherer Blick auf Kants Begriff von Aufklärung zeigt allerdings, dass diese Kontinuität irreführend ist. Oft wird daran erinnert, dass Unmündigkeit für Kant die Neigung meint, bequem aufs Denken zu verzichten, indem man es an andere delegiert: »Habe ich ein Buch, das für mich Verstand hat«, schreibt Kant, »einen Seelsorger, der für mich Gewissen hat, einen Arzt, der für mich die Diät beurtheilt, usw., so brauche ich mich ja nicht selbst zu bemühen. Ich habe nicht nöthig zu denken, wenn ich nur bezahlen kann; andere werden das verdrießliche Geschäft schon für mich übernehmen.«[189] Man übersieht allerdings oft, dass Kant in seinem Essay vor einer anderen Form von Unmündigkeit warnt, die grundlegender und schädlicher für die Aufklärung ist. Genau genommen ist diese Form von Unmündigkeit keine Form des Nichtdenkens oder des Delegierens unseres Denkens; sie ist vielmehr eine Denk*weise* – bei der wir unseren Verstand auf tote oder mechanische Weise gebrauchen. »Satzungen und Formeln«, sagt Kant, »diese mechanischen Werkzeuge eines vernünftigen Gebrauchs oder vielmehr Mißbrauchs [der menschlichen] Naturgaben, sind die Fußschellen einer immerwährenden Unmündigkeit.«[190] Die Gefahr, dass wir es uns beim Denken zur Gewohnheit machen, auf vorgegebene mechanische Algorithmen zurückzugreifen, ist größer für unsere geistige Unabhängigkeit, als es die einfache Delegation des Denkens an andere wäre.

»Mechanische Werkzeuge eines vernünftigen Gebrauchs« – die »immerwährenden Fußschellen«, die Kant im Sinn hat, sind wohl am besten zu verstehen, wenn man sie auf die von Tocqueville analysierte Tyrannei der Mehrheit bezieht. Die Neigung zur Konformität – der Rückgriff auf die von anderen vorab festgelegten Standards des Denkens – ersetzt die Fähigkeit, frei zu denken, durch eine mechanische Anwendung dieser Standards. Sind das Wahre und das Gute erst einmal durch das definiert, worauf sich die meisten einigen können, und als Quelle von Legitimität verinnerlicht, dann macht diese nun innerlich wirkende, dabei eigentlich äußere Autorität das Selbstdenken praktisch unmöglich. Kant denkt an dieses Verinnerlichen von Autorität, wenn er die Gefahr sieht, dass »mechanisches« Denken zur Gewohnheit oder gleichsam zu einer zweiten Natur werden könnte. Wenn wir in dieser Lage sind, dann ist die Unmündigkeit in gewisser Weise nicht einmal selbst verschuldet – denn »vor der Hand« ist der Mensch »wirklich unfähig, sich seines eigenen Verstandes zu bedienen«.[191] Die größte Bedrohung für die Aufklärung lauert folglich nicht in irgendeinem gewaltsamen Auferlegen von außen, sondern in dieser einzigartigen »Leistung« einer Tyrannei der Mehrheit, denkende Wesen in »Hausvieh«[192] zu verwandeln.

Angesichts dieser Gefahr räumt Kant unmittelbar nach seinem Gebot zum Selbstdenken ein, dass die meisten Menschen dieses nicht aus eigener Kraft leisten können. Er ist der Meinung, dass Aufklärung erst durch »Wenige« erreicht werden muss, denen es gelingt, »durch eigene Bearbeitung ihres Geistes [...] das Joch der Unmündigkeit selbst« abzuwerfen.[193] Wenn und *nur wenn* diese besonderen wenigen anschließend »den Geist einer vernünftigen Schätzung des eigenen Werths und des Berufs jedes Menschen selbst zu denken um sich verbreiten«, ist eine Aufklärung der und durch die Öffentlichkeit möglich.[194] Wie sich zeigt, hängt für die meisten Menschen der Gebrauch ihres eigenen Verstands ohne die Leitung anderer davon ab, dem Beispiel anderer zu folgen – die Aufklärung hängt angesichts der drohenden Gefahr einer Tyrannei der Mehrheit am Ende doch von einer gewissen Form der Prophetie ab. 1859 konnte sich Thoreau noch darüber beklagen, dass die Zeitungsredakteure ihren Konformismus dadurch bewiesen, dass sie Brown für seinen Anspruch, »berufen« worden zu sein, des Wahnsinns bezichtigten.[195] Emersons Vorstellung vom Genie nahm auf denselben unzeitgemäßen Gedanken Bezug, dass nämlich dem Genie zu folgen die Fähigkeit bedeute, seinem »eigenen Gedanken Glauben zu schenken, zu glauben, daß das, was für dein persönliches Herz wahr ist, für alle Menschen wahr ist«.[196] Und wenn wir Kings Rede von seiner »Berufung« tolerieren, so deshalb, weil wir sie durch die Annahme domestizieren, er meine es selbst mit dieser »Berufung« nicht ganz ernst. Doch lohnt die Beobachtung, dass Brown und King den »Wenigen« sehr ähnlich sind, von denen Kant spricht, wenn er sagt, dass einige einzelne das »Joch« des Konformismus selbst abwerfen und den »Geist« des menschlichen Werts und Selbstdenkens verbreiten müssten. Die Aufklärung hängt somit in gewissem Sinne nicht von einer Zurückweisung der Prophetie ab – sondern von einer Übersetzung dieses Begriffs. Kants Modernisierung der Idee der Prophetie gibt uns seine reifste Darstellung dessen, was Aufklärung ist. Was aber ist dann Prophetie?

II.

Der Versuch einer philosophischen Antwort auf diese Frage mag heute überholt erscheinen, stand aber einmal im Mittelpunkt der philosophischen Spekulation, aus dem einfachen Grund, dass die Prophetie als Vermittlung von Wahrheit galt. Maimonides, die größte rationalistische jüdische

Autorität aller Zeiten, bietet eine Definition der Prophetie im 36. Kapitel des 2. Buchs seines *Führers der Unschlüssigen*. Die »Prophetie«, heißt es dort, ist

> die Emanation, welche von Gott durch die Vermittelung der aktiven Vernunft sich zuerst auf das Denkvermögen und dann auf die Einbildungskraft ergießt[,] und dies ist die höchste Stufe des Menschen und die äußerste Vollkommenheit, die bei seiner Art vorhanden sein kann [...].[197]

Die Gabe der Imagination und nicht der Intellekt ist hier die Grundbedingung der Prophetie, und sie wird nicht jedem zuteil:

> Dies [die Prophetie] ist ein Ding, das durchaus nicht bei allen Menschen vorkommen kann und zu dem sie auch nicht durch die Vollkommenheit in den spekulativen Wissenschaften und durch die Vervollkommnung des Charakters gelangen können, wenn sie selbst alle die äußerst mögliche Tüchtigkeit und Vorzüglichkeit besäßen, außer wenn noch die äußerst mögliche Vollkommenheit der Einbildungskraft im Beginne ihrer Erschaffung hinzutritt.[198]

Die Schlüsselrolle der Einbildungskraft für die prophetische »Bestimmung« ist nicht willkürlich. Während wissenschaftliche Tatsachenkenntnis durch Gegenstände bestimmt ist, die den Sinnen gegeben sind, ist die intellektuelle (das heißt die begriffliche) Erkenntnis durch die Regeln des Denkens bestimmt. Die Einbildungskraft ist damit das einzige

Vermögen, dessen Funktionsweise nicht durch gegebene Gegenstände oder vorgeschriebene Normen bestimmt ist. Diese Freiheit mag Fehler und Illusionen verursachen – und tut es auch oft –, macht sie aber auch zu einem Quell der Erfahrung dessen, was jenseits bloß faktischer Wahrheiten liegt. Wie Leo Strauss einmal kommentierte: »Weil nun ferner die Einbildungskraft unabhängig vom sinnlichen Wahrnehmen funktionieren kann, darum besteht die Möglichkeit, daß die Einbildungskraft vom Verstand her in den Dienst des Erfassens des Unsinnlichen gezwungen wird; darum ist Prophetie möglich.«[199]

Als zentrales prophetisches Vermögen ist die Einbildungskraft für Maimonides »das politische Vermögen par excellence«.[200] Sie ermöglicht es dem Propheten nicht nur, einen Ruf von oben zu erfahren, sondern auch, den Massen diesen Ruf erfolgreich zu vermitteln. Die Frage ist nun, wie diese Vermittlung zu verstehen ist. Und einer verbreiteten Auffassung nach, die oft Maimonides zugeschrieben wird, heißt Prophetie nichts anderes, als den Menschen Gottes Gesetz zu geben. Maimonides, so wird allgemein angenommen, betrachtete Mose, der den Monotheismus begründete, als er den Israeliten die Zehn Gebote vom Berg Sinai überbrachte, als den obersten Propheten. Diese Identifikation wiederum entscheidet nicht nur über das Wesen der Prophetie, sondern auch über das des Monotheismus, des Ursprungs des Universalismus, der durch jene Prophetie verkündet wurde. Der Dekalog ist eine Reihe geschriebener Gebote, die mit einer Serie monotheistischer Dekrete beginnt (»Du sollst keine anderen Götter haben neben mir«) und befreiten Sklaven auferlegt wurde, um ihnen Gehorsam abzuverlangen. Diese Logik geht Hand in Hand mit der sogenannten »mosaischen Unterscheidung« oder dem »Preis des Monotheismus«, nämlich der Idee, dass der Glaube an diese ausschließliche Gottheit eine intolerante absolute Autorität hervorbringt, die den Monotheismus als gefährliche Auferlegung eines absoluten Gesetzes vergiftet – Nietzsche sollte es als Sklavenmoral abqualifizieren.[201]

Diese lange gültige Interpretationstradition liegt jedoch daneben. Mose ist nicht der oberste monotheistische Prophet Maimonides' oder der Bibel. Der biblische Monotheismus ist nicht nur die Entdeckung einer einzigen wahren Gottheit, und die Auferlegung der Gesetze jener Gottheit ist nicht das, was die Prophetie ausmacht.

Der erste Grund, daran zu zweifeln, dass der Überbringer der Zehn Gebote für Maimonides der wichtigste Prophet ist, ergibt sich aus dem biblischen Text. Maimonides' »offizielle« Position lautet, dass Mose im Unterschied zu anderen Propheten prophetisch wirkte, ohne dass er dafür auf die Vermittlung der Einbildungskraft angewiesen gewesen wäre – er sah Gott direkt. Das jedoch ist eine missliche Behauptung. Der biblische Text bestätigt sie nicht nur nicht, sondern widerlegt sie, insofern er Moses Prophetie in derselben bildhaften, fantasievollen Sprache beschreibt, wie sie für alle Propheten typisch ist.[202] Auch wird in der Bibel unmissverständlich gesagt, dass kein Sterblicher Gott sehen und überleben kann. Maimonides kann unmöglich vergessen haben – oder davon ausgegangen sein, seine gebildete Leserschaft könnte vergessen haben –, dass dieses Verbot niemand anderem als Mose selbst diktiert wurde, der die Gottheit direkt zu sehen wünschte, aber zurückgewiesen wurde: »Mein Angesicht kannst du nicht sehen; denn kein Mensch wird leben, der mich sieht.«[203]

Diese Diskrepanz zwischen dem *Führer der Unschlüssigen* und dem Text der Bibel ist signifikant. Maimonides eröffnet sein Buch mit der Warnung, dass dessen wahre Bedeutung, wie die der Bibel, verborgen ist.[204] Die offenkundige (»exoterische«) Position, die er entfaltet, ist nur für die Massen gedacht; die wahre Lehre muss von jenen Lesern, die den Widersprüchen und Hinweisen in seiner Argumentation nachzugehen vermögen, freigelegt werden. Dazu müssen sie anhand dieser Indizien seine wahre Position ableiten, indem sie verschiedene Kapitel vergleichen und die versteckte (»esoterische«) Wahrheit des Buches rekonstruieren.

Unser Verdacht wächst, wenn wir Maimonides' hierarchische Klassifikation der Prophetie betrachten.[205] Die elfte und höchste prophetische Stufe, die er nennt, ist die, in der ein Prophet »in der Vision einen Engel sieht, der mit ihm redet [...]«.[206] Maimonides fragt dann – ohne Mose zu erwähnen –, ob es noch eine weitere, höhere Stufe der Prophetie gibt, »ob es ferner auch möglich ist, daß der Prophet *in der prophetischen Vision* hören kann, als ob Gott mit ihm redete«. Was er verneint: Das »halte ich für unwahrscheinlich und dazu reicht die Tätigkeit der Einbildungskraft nicht aus. Wir finden auch diesen Zustand bei den übrigen Propheten nicht.«[207]

Bemerkenswerterweise widerspricht diese Behauptung erneut Maimonides' offenkundiger Position zu Mose, der Gott angeblich unmittelbar gesehen hat. Gleichzeitig steht *diese* Behauptung tatsächlich in völliger Übereinstimmung mit dem biblischen Text, wo die Unmöglichkeit, die Gottheit direkt zu erblicken, Mose selbst erklärt wurde. Maimonides' Einteilung der prophetischen Stufen impliziert, dass die prophetische Kategorie des Mose, die die zwölfte und höchste gewesen wäre, nicht existiert – er gehört einer niedrigeren prophetischen Kategorie an, nämlich derjenigen, die Gott sehen, aber in einem bloßen Traum statt leibhaftig. Womit wiederum Moses Rolle als oberster monotheistischer Prophet und das herkömmliche Verständnis dessen, worum es im Monotheismus zu gehen scheint, dekonstruiert wird.

Diese Schlussfolgerung wird durch die Tatsache erhärtet, dass uns Maimonides im selben Kapitel des *Führers* ganz unmissverständlich mitteilt, was das höchste Beispiel der Bibel für Prophetie ist. Unmittelbar nachdem er den höchsten prophetischen Zustand als jenen definiert hat, in dem der Prophet *»in der Vision* einen *Engel* sieht, der mit ihm redet«, ergänzt Maimonides: *»wie Abraham in der Stunde, als er seinen Sohn opfern wollte.* Dies ist aber meiner Ansicht nach die höchste der Stufen der Prophetie, deren Zustände die H. Bücher bezeugen.«[208] Wenn sie nicht mosaisch ist, sondern abrahamitisch, was ist dann Prophetie?

Wenn wir von der üblichen Lesart der Opferung beziehungsweise Bindung Isaaks ausgehen, könnte die Antwort offensichtlich und verstörend erscheinen. Abraham, besagt diese Lesart, bietet ein Modell bedingungslosen Glaubens. Die Idee scheint zu sein, dass aus der monotheistischen Vorstellung einer einzig wahren Gottheit die Verpflichtung zum absoluten Gehorsam folgt. Das Gebot der Gottheit führt zu einer vorübergehenden Aufhebung des Ethischen.[209] Nichts jedoch könnte weiter von Maimonides' Position entfernt sein. Um das zu sehen, müssen wir auf seine Interpretation der Bindung Isaaks zurückkommen.[210]

Erinnern wir uns, dass Maimonides schrieb, einen Engel in einer Vision zu sehen, sei die höchste prophetische Stufe, was 1. Mose 22 bezeugt: Der Prophet sieht *»in der Vision* einen *Engel* [...], der mit ihm redet, *wie Abraham in der Stunde, als er seinen Sohn opfern wollte«*. Die biblische Erzählung beginnt, als Gott *(Elohim,* אלוהים) Abraham anspricht und ihm gebietet, Isaak zu opfern: »Nach diesen Ereignissen stellte Gott Abraham auf die Probe. Er sprach zu ihm: Abraham! Er sagte: Hier bin ich. Und er sprach: Nimm Isaak, deinen einzigen Sohn, den du lieb hast, und geh hin in das Land Morija und opfere ihn dort zum Brandopfer auf einem Berge, den ich dir sagen werde.«[211] Wir wissen, dass dieses Gebot Gottes zu hören nicht für die höchste Manifestation von Prophetie steht. Gott zu hören ist nach der Taxonomie des *Führers* eine niedrigere prophetische Stufe und ohnehin nicht das, was Maimonides meinte, als er die Bindung Isaaks als Verkörperung der »höchste[n] der Stufen der Prophetie« anführte, die im Erscheinen eines Engels besteht. Tatsächlich spricht ein Engel Abraham später in der Geschichte direkt an. Bemerkenswerterweise ist es nicht der Engel Gottes *(Elohims)*, sondern der Jahwes (יהוה) – der Engel, der ihn im letzten Moment vor der Tötung seines Sohns auffordert, das Opfer abzubrechen. Man muss sich an dieser Stelle fragen, wie es die Rabbiner wiederholt getan haben, aufgrund welcher Autorität Abraham beschließt, das Gebot des Engels statt das Gottes zu befolgen. Die Frage ist umso angemessener, als dieser Engel der Engels Jahwes ist, während es Gott *(Elohim)* war, der die ursprüngliche Anordnung gegeben hatte. Und man muss sich auf jeden Fall fragen, warum Abraham nach Maimonides gerade dadurch, dass er das tut und dem Engel Jahwes folgt, statt auf Gott *(Elohim)* zu hören, die höchste prophetische Stufe verkörpert.

Die Antwort auf diese Frage findet sich in Maimonides' Theorie der göttlichen Namen. Bekanntlich verwenden die biblischen Geschichten verschiedene Wörter, um die Gottheit zu benennen. Für Maimonides bezeichnet Jahwe (יהוה) den Eigennamen der Gottheit, während das Wort »Gott« *(Elohim)* lediglich ein mehrdeutiger Ausdruck ist. Ursprünglich stand er für staatliche Herrscher und Richter und wurde erst in abgeleiteter Bedeutung zu einer Bezeichnung für Gottheiten.[212] Genauer gesagt werden Gottheiten, weil sie manchmal als Richter fungieren, als *Elohim* bezeichnet. Die zentrale Bedeutung von »Gott« ist mithin nichts anderes als das Attribut juridischer Autorität: das staatliche Gesetz, die gemeinsame Norm des Landes, die durch kontingente Konventionen festgelegt wird.

Die Implikationen dieser Auffassung werden deutlicher im Lichte von Maimonides' Interpretation der Geschichte vom Sündenfall.[213] Die Schlange in der Geschichte behauptet, dass Adam und Eva, wenn sie von der verbotenen Frucht gegessen haben, sein werden »wie Gott *[Elohim]* und wissen, was gut und böse ist«,[214] und die Versuchung liegt nahe, dies so zu verstehen: Sie werden gottgleich dadurch, dass sie ethisches Wissen erwerben. Maimonides interpretiert die Geschichte aber genau andersherum. Er behauptet, dass der Erwerb eines gottgleichen Wissens über Gut und Böse die über Adam und Eva verhängte *Strafe* darstellt. In den Stand zu kommen, dass man weiß wie Gott, *Elohim,* bedeutet, das höhere Wissen um die Wahrheit zu verlieren, über das man im Garten Eden verfügte – heißt in den Stand zu kommen, dass man anhand kontingenter, konventioneller Normen und Regeln denkt und urteilt und von einem bloß menschengemachten soziohistorischen Kontext abhängt:

> Als aber der Mensch in seinem vollkommenen und tadellosen Zustande war und er seine Denkfähigkeit und sein Erkenntnisvermögen besaß, [...] besaß er nicht die Fähigkeit, die dem Werturteil unterliegenden Dinge auf irgendeine Art zu gebrauchen oder zu begreifen [...]. [Jedoch] wurde er damit bestraft, daß ihm die Vernunfterkenntnis entzogen wurde, und infolgedessen war er ungehorsam gegen ein Gebot, das ihm um seiner Vernunft willen gegeben worden war, und so erlangte er die Fähigkeit, die Wertdinge zu begreifen, und ergab sich der Ausübung der häßlichen oder schönen Handlungen. [...] Deshalb wird gesagt: *›Ihr werdet wie Elohim sein, indem ihr Gutes und Böses erkennet‹*. Es wird aber nicht gesagt: *›indem ihr Wahres und Falsches erkennet‹ oder ›begreifet‹.*[215]

Wenden wir das nun auf Maimonides' Darstellung der Bindung Isaaks und damit der Prophetie an. Gott *(Elohim)* gebietet Abraham, seinen Sohn zu opfern. Dies steht für den Gehorsam gegenüber einer konventionellen, von Menschen gemachten Autorität, durch den man der allzu menschlichen Neigung erliegt, sich an das anzupassen, was die Gesellschaft als gerechte Anordnung akzeptiert. Tatsächlich, und das ist an dieser Stelle der springende Punkt, bestand die ethische und rechtliche Norm im heidnischen Nahen Osten zu Abrahams Zeiten darin, seinen Erstgeborenen zu opfern. Eklatant unmoralische Gebote können (und werden oft) für das gehalten werden, was zu tun richtig und durch Konsens wie Verfassung legitimiert ist. Abraham verkörpert die höchste Stufe der Prophetie nicht deshalb, weil er »Gott« gehorcht, das heißt den konventionellen Normen, sondern der moralischen Autorität, die über ihnen steht. Abrahams höchste Form der Prophetie besteht darin, dass er sich der Wahrheit und nicht dem Konsens unterwirft – dass er »Gott« widerspricht und den Widder opfert statt des Sohnes.

Mit seinem Verstoß gegen die übliche Norm ist Abraham zudem nicht einfach nur ungehorsam. Er gibt ein Vorbild des Ungehorsams, dem seine Söhne folgen können. Maimonides erläutert diesen Aspekt mit einer eindringlichen Interpretation der Bedeutung der Bindung als einer Probe oder Prüfung. Er gibt sich große Mühe, um zu zeigen, dass das Wort »Probe« *(nisayon,* נִיסּיוֹן) im Vers »Nach diesen Ereignissen stellte [נִסָּה] Gott Abraham auf die Probe« nicht für ein Bemühen Gottes steht, Abraham zu *untersuchen* (offensichtlich weiß Gott, was Abraham tun oder nicht tun wird).[216] Abraham wird vielmehr auf die Probe gestellt, um als Beispiel präsentiert zu werden, als Standard, das seine Gefolgschaft verbreiten soll. Bei der Probe geht es darum, »daß jemand eine [von Gott befohlene] Tat vollziehen soll, bei der es sich jedoch nicht um diese Tat selbst handelt«, sondern darum, dass sie *»ein Beispiel sei, von dem man lernen und das man nachahmen soll«.*[217] Die hebräische Wurzel von »Probe« *(nisayon)* kann sowohl n-s-y (נ.ס.י) lauten, dann steht sie für »untersucht«, oder aber n-s-s (נ.ס.ס), dann steht sie für »als Symbol oder Vorbild hingestellt«. (Wenn eine Flagge gehisst oder ein Symbol präsentiert wird, dann *mitnoses* sie / es.) So gesehen könnte 1. Mose 22, 1 auch übersetzt werden mit: »Nach diesen Ereignissen präsentierte Gott Abraham als ein Vorbild.« Abrahams höchste Form der Prophetie lässt sich als das ursprüngliche Beispiel von Aufklärung verstehen: von jenen, die das »Joch der Unmündigkeit« abwerfen und »den Geist einer vernünftigen Schätzung des eigenen Werths und des Berufs jedes Menschen selbst zu denken um sich verbreiten«.

III.

Wenn wir nun zum Text der Bindung Isaaks zurückkehren, können wir sehen, dass der Gedanke, Abraham wende sich gegen Gott, statt ihm zu gehorchen, keine Erfindung des Maimonides ist. Das Beharren darauf, dass die Gerechtigkeit jede Autorität übersteigt, ist Abrahams ganz eigene Neuerung. Der biblische Monotheismus besteht nicht in der Behauptung, dass es eine einzig wahre Gottheit gibt – eine Idee, die sich mit Freud oder Assmann als eine ägyptische Errungenschaft verstehen lässt, die Mose für befreite israelitische Sklaven einführte.[218] Er besteht vielmehr darin, selbst diese einzig wahre Gottheit dem Moralgesetz zu unterwerfen, was eine geistige Innovation ganz anderer Größenordnung ist als der Glaube an einen einzigen Gott, der in den Zehn Geboten verkündet wird – und zudem eine Innovation, die Mose völlig fremd ist. Sobald wir die ursprüngliche Geschichte der Bindung Isaaks verstehen, können wir den ethischen Monotheismus der Bibel ebenso würdigen wie die universelle Idee des Menschen als eines

Wesens, das durch die abrahamitische Unterscheidung für das absolute Gesetz offen ist.

Die Geschichte der Bindung Isaaks ist hinreichend bekannt. Gott gebietet Abraham: »Nimm Isaak, deinen einzigen Sohn, den du lieb hast, und geh hin in das Land Morija und opfere ihn dort zum Brandopfer [...].«[219] Abraham steht am nächsten Morgen früh auf und macht sich auf die Reise. Nach drei Tagen »hob Abraham seine Augen auf und sah die Stätte von ferne«.[220] Abraham befiehlt seinen Knechten, auf sie zu warten, während er mit Isaak bis zu dem von Gott gewiesenen Berg weitergeht: »Bleibt ihr hier mit dem Esel. Ich und der Knabe wollen dorthin gehen, und wenn wir angebetet haben, wollen wir wieder zu euch kommen.«[221] Abraham lädt das Holz für das Brandopfer seinem Sohn auf, und gemeinsam beginnen sie den Aufstieg, als Isaak sagt: »Mein Vater!«, und Abraham antwortet: »Hier bin ich, mein Sohn.«[222] Isaak fragt: »Siehe, hier ist Feuer und Holz; wo ist aber das Schaf zum Brandopfer?« Abrahams Antwort hierauf lautet im Original: *»Elohim Yir'e lo ha'se le'ola, bni«* (אלוהים יראה לו השה לעולה בני.) Dieser Antwort kann eine Übersetzung kaum gerecht werden: »Gott wird sich selbst um das Schaf für das Brandopfer kümmern«, »Gott wird das Schaf für das Brandopfer selbst sehen«, »selbst zeigen« oder »selbst auswählen« sind alles mögliche Übersetzungen des Hebräischen. Schließlich erreichen Vater und Sohn den Ort, den Gott Abraham gewiesen hatte. Hier beginnt nun die entscheidende Szene – jener Moment, den Rembrandt, Caravaggio und Chagall über Generationen hinweg ins Bild gesetzt haben:

[9] Und als sie an die Stätte kamen, die ihm Gott gesagt hatte, baute Abraham dort einen Altar und legte das Holz darauf und band seinen Sohn Isaak, legte ihn auf den Altar oben auf das Holz [10] und reckte seine Hand aus und fasste das Messer, dass er seinen Sohn schlachtete. [11] Da rief ihn der Engel des Herrn vom Himmel und sprach: Abraham! Abraham! Er antwortete: Hier bin ich. [12] Er sprach: Lege deine Hand nicht an den Knaben und tu ihm nichts; denn nun weiß ich, dass du Gott fürchtest und hast deines einzigen Sohnes nicht verschont um meinetwillen. [13] Da hob Abraham seine Augen auf und sah einen Widder hinter sich im Gestrüpp mit seinen Hörnern hängen und ging hin und nahm den Widder und opferte ihn zum Brandopfer an seines Sohnes statt. [14] Und Abraham nannte die Stätte »Der Herr sieht«. Daher man noch heute sagt: Auf dem Berge, da der Herr sich sehen lässt. [15] Und der Engel des Herrn rief Abraham abermals vom Himmel her [16] und sprach: Ich habe bei mir selbst geschworen, spricht der Herr: Weil du solches getan hast und hast deines einzigen Sohnes nicht verschont, [17] will ich dich segnen und deine Nachkommen mehren wie die Sterne am Himmel und wie den Sand am Ufer des Meeres, und deine Nachkommen sollen die Tore ihrer Feinde besitzen; [18] und durch deine Nachkommen sollen alle Völker auf Erden gesegnet werden, weil du meiner Stimme gehorcht hast. [19] So kehrte Abraham zurück zu seinen Knechten. Und sie machten sich auf und zogen miteinander nach Beerscheba und Abraham blieb daselbst.[223]

Traditionell schreiben die Interpreten die Geschichte dem biblischen Autor E (für »Elohist«) zu, weil sie fast ausschließlich das Wort »Elohim« (אלוהים), Gott, für die Gottheit verwendet und offensichtliche Parallelen zu anderen charakteristischen Erzählungen von E aufweist. Dieser Lesart zufolge ist die zweite Rede des Engels zu Abraham in den Versen 15–18, nachdem die Prüfung beendet ist und Abraham den Widder »an seines Sohnes statt« geopfert hat, eine spätere Interpolation in den Text. Diese Verse bezeichnen die Gottheit nicht als Gott (Elohim), sondern als Jahwe (יהוה), den Herrn, und sind in Stil und Komposition poetisch und repetitiv – in scharfem Gegensatz zum Rest der Geschichte, die für ihre extrem ökonomische Sprachverwendung berühmt ist. Überspringt man diese textlich anormalen Verse, dann bleiben der Sprachfluss stimmig und Grammatik sowie Erzählung unverderbt. Das ist aufschlussreich, vor allem wenn man bedenkt, dass dieser Text wahrscheinlich die am prägnantesten formulierte Geschichte in der hebräischen Bibel ist. Für einen wichtigen Bibelinterpreten ist die zweite Engelsrede denn auch nichts weiter als eine »unbeholfene Ergänzung« zu einer »ansonsten großartig geschriebenen Geschichte«.[224]

In jüngerer Zeit jedoch haben Bibelwissenschaftler bemerkt, dass diese Erklärung nicht ganz stimmen kann. Sie weisen darauf hin, dass Abrahams Gehorsam gegenüber Gott irgendeine Form von Segnung oder Belohnung erfordert, die Abraham aber erst in der zweiten Intervention des Engels erhält. Es überzeugt daher nicht, dass diese Ansprache erst später in die Erzählung eingefügt wurde. Was in jenen Versen geschieht – so sehr sie auch abweichen mögen –, ist faktisch unentbehrlich für die *Bedeutung* der Erzählung, nämlich Abrahams Gehorsam.

Wir stehen also vor einem Widerspruch zwischen zwei gut begründeten Beobachtungen. Aus literarischen und philologischen Gründen scheint sich die zweite Engelsrede einfach nicht einzufügen. Gleichzeitig erfordert der Inhalt der Geschichte diese Rede – Abraham muss für seinen Gehorsam belohnt werden. Für einige Interpreten macht das eine Analyse des Urtexts unmöglich. Wie ein prominenter Wissenschaftler schrieb, mag es »eine einfachere, kürzere Darstellung des Opfers Isaaks« gegeben haben, »aber die ursprüngliche Darstellung mit den Versen 1–14 gleichzusetzen, ist zu einfach, denn der für die Verse 15–18 verantwortliche Autor hat seine Spuren auch in den Versen 1–14 hinterlassen, sodass eine Bestimmung der Grenzen und des Inhalts früherer Fassungen der Geschichte nur schwer möglich ist«.[225]

In Wirklichkeit jedoch ist eine solche Bestimmung möglich, und die Verwirrung, die in der Literatur über sie herrscht, gibt uns den entscheidenden Hinweis. Wir müssen registrieren, dass die Verse 11 und 12 – in denen der Engel seinen ersten Auftritt hat und Abraham im anscheinend allerletzten Moment von der Tötung seines Sohnes abhält – dieselben textuellen Anomalien aufweisen wie die zweite, »interpolierte« Rede. Die Verse 11 und 12 gebrauchen »Herr« (Jahwe, יהוה) statt »Gott« (Elohim, אלוהים) für die Gottheit; ihr Stil ist repetitiv und poetisch im Gegensatz zum übrigen Text, der ökonomisch ist; und wenn wir jene Verse einfach überspringen, die in einem Moment kommen, der sich als der absolute Höhepunkt der Erzählung darstellt, stellen wir fest, dass Logik und Stil der Geschichte in einem ungestörten Fluss sind. (Tatsächlich verbessern sie sich sogar, wie wir sehen werden.) Doch die Erzählung, die sich aus dieser Lesart ergibt, ist eine ganz andere als die, die wir für selbstverständlich hielten:

> [9] Und als sie an die Stätte kamen, die ihm Gott ge-
> sagt hatte, baute Abraham dort einen Altar und legte das
> Holz darauf und band seinen Sohn Isaak, legte ihn auf
> den Altar oben auf das Holz [10] und reckte seine Hand
> aus und fasste das Messer, dass er seinen Sohn schlachte-
> te. [13] Da hob Abraham seine Augen auf und sah einen
> Widder hinter sich im Gestrüpp mit seinen Hörnern
> hängen und ging hin und nahm den Widder und opferte
> ihn zum Brandopfer an seines Sohnes statt.

[9] ויבואו אל המקום אשר אמר לו האלוהים ויבן שם אברהם
את המזבח ויערך את העצים ויעקוד את יצחק בנו וישם אתו
על המזבח ממעל לעצים. [10] וישלח אברהם את ידו ויקח
את המאכלת לשחוט את בנו. [13] וישא אברהם את עיניו
וירא והנה איל, אחר נאחז בסבך בקרניו. וילך אברהם, ויקח
את האיל ויעלהו לעלה תחת בנו.

In der ursprünglichen Erzählung verstößt Abraham letztlich gegen Gottes Gebot und opfert aus eigenem Entschluss den Widder »an seines Sohnes statt«. Die eingeschaltete Figur eines Engels nimmt Abraham nicht nur das Messer, sondern auch die Verantwortung für den Abbruch der Prüfung aus der Hand: Sie nimmt eine Geschichte, die in Abrahams ethischem Ungehorsam gipfelt, als Symbol des Glaubens an einen, der den Gehorsam feiert. In einer klassischen Interpretation des Stils dieser Geschichte machte Erich Auerbach geltend, dass diese Erzählung bezeichnenderweise jede »Objektivierung« innerer geistiger Zustände vermeidet. Sie verlangt Interpretation von der Leserschaft, stellte er fest, weil sie nur Handlung bietet, keine Erklärung – es wird »nur dasjenige an den Erscheinungen herausgearbeitet, was für das Ziel der Handlung wichtig ist, der Rest bleibt im Dunkel«.[226] Das stimmt, aber nicht für die Figur des Engels: Als dieser anhebt, Abraham im allerletzten Moment zu stoppen, scheut er keine Mühe, in dramatischen Worten auszuführen, dass Abraham bereit war, seinen Sohn zu töten: »Lege deine Hand nicht an den Knaben und tu ihm nichts; denn nun weiß ich, dass du Gott fürchtest und hast deines einzigen Sohnes nicht verschont um meinetwillen.«

Wir können, wie es scheint, nicht nur den Widerspruch in der Fachliteratur auflösen, sondern auch seinen Ursprung verstehen. Das zweite Eingreifen des Engels ist tatsächlich eine spätere Interpolation und enthält gerade so viel, wie durch Abrahams Gehorsam erforderlich wurde: jenes Gehorsams, der überhaupt erst durch die Einfügung der Figur des Engels hergestellt wurde. Wie auch Maimonides bemerkt zu haben scheint, markiert der Engel des Herrn (Jahwes) den Unterschied zwischen zwei Bedeutungsebenen im Text, einer externen und einer ursprünglichen. Die erste, die uns vertraut ist, vermittelt die Vorstellung absoluten Gehorsams gegenüber Gott. Die zweite, vergessene, bringt die Idee zum Ausdruck, dass Abrahams ethischer Ungehorsam die wahre Bedeutung seines Glaubens ist.

Zwei weitere Beobachtungen sind angezeigt. Die erste

betrifft noch den Text selbst. Die Bindung ist bekanntlich als ein schneller und lakonischer Fluss von Verben formuliert, die durch *vav-ha'hibur* miteinander verbunden sind, was im Hebräischen sowohl »und« als auch »oder« bedeuten kann. Der Verfasser nutzt diese Abfolge von Verben, um seiner Geschichte Spannung zu verleihen, wie wiederum von Auerbach betont wurde: »Und als sie *kamen*, *baute* Abraham und *legte* das Holz und *band* seinen Sohn Isaak, *legte* ihn auf den Altar und *reckte* seine Hand aus [...].« An diesem Punkt unterbricht der Engel die lakonische Sequenz, indem er Abrahams mutmaßliche Absicht, seinen Sohn zu töten, in langen Sätzen und poetischer Sprache preist: »Da rief ihn der Engel des Herrn vom Himmel und sprach: Abraham! Abraham! Er antwortete: Hier bin ich. Er sprach: Lege deine Hand nicht an den Knaben und tu ihm nichts; denn nun weiß ich, dass du Gott fürchtest und hast deines einzigen Sohnes nicht verschont um meinetwillen.« Auf den ersten Blick scheint das plausibel. Wenn das der Höhepunkt der Geschichte ist, dann ist es nur natürlich, dass der Engel den sich beschleunigenden Strom der Verben unterbricht. Die Spannung der Geschichte muss aufgelöst werden, sie kann nicht weiter steigen – und in der Tat löst der Engel die Spannung dramatisch auf, indem er Isaak rettet.

Doch achten wir darauf, wie die Erzählung weitergeht, nachdem die Engelsfigur ihren Eingriff beendet hat. Der Strom der Verben beschleunigt sich wieder, und mit ihm die Spannung: »Da *hob* Abraham seine Augen auf und *sah* und *ging* hin und *nahm* und *opferte*«. Es gibt hier fünf weitere Handlungsverben, also relativ gesehen mehr als in dem Verbstrom vor der Intervention des Engels. Wir finden einen Teilsatz mit dem Verb *va'isa et eynav* ,(וישא את עיניו) »da hob er seine Augen auf«, was im biblischen Erzählen oft beschreibt, dass ein Protagonist den Wendepunkt einer Geschichte erlebt. Wir begegnen auch dem Wort *ve'hine* (והנה) – wörtlich »und hier« oder »und jetzt«, das eine große Abruptheit bedeutet und auch mit »plötzlich« übersetzt werden könnte. Das kommt ungelegen. War nicht die Spannung der Erzählung bereits durch den Eingriff des Engels aufgelöst? Wenn Isaak an diesem Punkt bereits gerettet ist, warum lässt die Spannung im Folgenden dann nicht nur nicht nach, sondern steigt so offensichtlich noch einmal?

Die Antwort lautet, dass die Spannung in der ursprünglichen Erzählung noch gar nicht aufgelöst worden war: Die Verben beschleunigen sich bis zu Vers 10: »Und als sie an die Stätte kamen, die ihm Gott gesagt hatte, baute Abraham dort einen Altar und legte das Holz darauf und band seinen Sohn Isaak, legte ihn auf den Altar oben auf das Holz [10] und reckte seine Hand aus und fasste das Messer, dass er seinen Sohn schlachtete …« Diese Spannung baut sich weiter auf bis Vers 13, den ursprünglichen Wendepunkt der Geschichte: »Da hob Abraham seine Augen auf und sah einen Widder hinter sich …« Erst da bricht die Spannung und fällt, ohne Erklärung, in reiner Handlung in sich zusammen, indem Abraham seinen Sohn rettet: »und ging hin und nahm den Widder und opferte ihn zum Brandopfer an seines Sohnes statt«.

Die zweite Beobachtung ist eher eine Frage, nämlich ob die Annahme vernünftig ist, dass Abraham gegen ein unmittelbares göttliches Gebot verstoßen würde. Anders gefragt: Ist es vernünftig, davon auszugehen, dass der biblische Monotheismus, wie er vor zweitausend Jahren verstanden wurde, einen Glaubensbegriff präsentierte, der im Hinblick auf das Verhältnis des Menschen zu Gott so modern zu sein scheint? Erst mit Kant, so meint man doch, lernte die Moderne jegliche Autorität nach dem Grundsatz zu hinterfragen, dass Autorität von Ethik abhängt.

Aber wir kennen die Antwort auf diese Frage bereits, denn sie führt uns zurück zu 1. Mose 18 und der Geschichte von Sodom. Dort spricht Abraham als ein Prophet, der gleichzeitig radikaler und moderner ist als jeder andere, indem er nicht einen König, sondern Gott anfechtet – im Namen der Gerechtigkeit. Sofort nachdem er von Gottes Plan erfahren hat, die Stadt zu zerstören, heißt es von Abraham, er »trat herzu« (das hebräische Wort ist *va'igash* (ויגש) und impliziert eine aggressive, latent bedrohliche Annäherung), und sagt:

> Willst du denn den Gerechten mit dem Gottlosen umbringen? […] Das sei ferne von dir, dass du das tust und tötest den Gerechten mit dem Gottlosen, sodass der Gerechte wäre gleich wie der Gottlose! Das sei ferne von dir! Sollte der Richter aller Welt nicht gerecht richten? […] Ach siehe, ich habe es auf mich genommen, zu reden mit dem Herrn, wiewohl ich Erde und Asche bin. […] wolltest du denn die ganze Stadt verderben […]?«[227]

Zu fragen, ob der biblische Monotheismus so »fortschrittlich« sein kann, dass er einen ethischen Ungehorsam zum Ausdruck bringt, heißt, die falsche Frage zu stellen. Angemessener wäre die Frage, ob derselbe Abraham, der in Sodom auf diese Weise zu Gott spricht, seinen Sohn schweigend an den Opferaltar binden kann. Die Idee einer Pflicht, vor der höchsten Autorität im Namen der Gerechtigkeit den Mund aufzumachen, ist mit Abrahams Menschlichkeit verwoben: Er »hat es auf sich genommen«, als bloßer Sterblicher zum Herrn zu sprechen (»wiewohl ich Erde und Asche bin«). Seine Menschlichkeit verdankt sich dem Bewusstsein eines absoluten Gesetzes: keines Gesetzes Gottes, sondern desselben Gesetzes, dem er auch Gott unterwirft. In seiner Analyse des Erhabenen formuliert Kant diese Vorstellung: »Man kann einen Gegenstand als *furchtbar* betrachten, ohne sich *vor* ihm zu fürchten«; »So fürchtet der Tugendhafte Gott, ohne sich vor ihm zu fürchten.«[228] Diese Idee von Gottesfurcht wendet Kant auf die Bindung Isaaks an:

> Zum Beispiel kann die Mythe von dem Opfer dienen, das Abraham auf göttlichen Befehl durch Abschlachtung und Verbrennung seines einzigen Sohnes – (das arme Kind trug unwissend noch das Holz dazu) – bringen wollte. Abraham hätte auf diese vermeinte göttliche Stimme antworten müssen: »Daß ich meinen guten Sohn nicht tödten solle, ist ganz gewiß; daß aber du, der du mir erscheinst, Gott sei, davon bin ich nicht gewiß und kann es auch nicht werden«, wenn sie auch vom (sichtbaren) Himmel herabschallte.[229]

Kants »kopernikanische Wende« in Sachen Autorität wurde in Wirklichkeit von Abraham verkörpert. Der Vater des Monotheismus verstand nur zu gut, dass Menschen die Lebewesen sind, die der Pflicht zur Gerechtigkeit folgen und aus diesem Grund kein Recht haben, zu gehorchen. Wenn Kant Abrahams Gehorsam verurteilt, übersetzt er lediglich, als den Kern des aufgeklärten Universalismus, die ursprüngliche abrahamitische Unterscheidung in moderne Begriffe. Nichts kann Autorität über die Gerechtigkeit beanspruchen. Ein ungerechtes Gesetz ist kein Gesetz. Das Lebewesen, das fähig ist, diesem nichtmenschlichen Grundsatz zu folgen, ist menschlich und gebietet unseren absoluten Respekt.

EPILOG: AUS DER GRUBE

»Ich hatte das Gefühl, dass meine Beine beteten.« So äußerte sich Abraham Joshua Heschel, kurz nachdem er sich Martin Luther King Jrs. Wahlrechtsmarsch von Selma nach Montgomery angeschlossen hatte. Auf dem Weg mussten sie sich Gruppen weißer Rassisten und Polizisten erwehren, die Peitschen und Gummiknüppel schwangen und Tränengas versprühten. Heschels Worte sind in den Vereinigten Staaten fast so vertraut wie das Schwarzweiß-Foto des imponierenden weißbärtigen Rabbiners mit einem Blumenschmuck um den Hals – die einzige weiße Person im Bildausschnitt, in dem er zusammen mit afroamerikanischen Bürgerrechtsführern zu sehen ist.[230] Und wir, können wir noch mit den Beinen beten?

Heschels Radikalismus erlangte einige Bekanntheit – seine kompromisslose Unterstützung der Bürgerrechtsbewegung, auch gegen Zweifel aus der liberalen politischen Mitte, sein Widerstand gegen den Vietnamkrieg schon zu einer Zeit, als das noch nicht als patriotische Position galt, und seine einzigartige Freundschaft mit King. Als Wissenschaftler war er ein Experte für die biblische Prophetie: Seine Dissertation »Das prophetische Bewusstsein«, die er 1932 an der Friedrich-Wilhelms-Universität in Berlin eingereicht hatte, erweiterte Heschel Anfang der 1960er Jahre zu einer umfassenden Studie und veröffentlichte sie unter dem Titel *The Prophets,* ein Klassiker seit dem Moment seines Erscheinens.[231] Seine Forschungen zu diesen vergessenen Ursprüngen war eindeutig kein rein theoretisches Unterfangen. In seinen Studienjahren behaupteten deutsche protestantische Theologen gerne, dass die Lehren der Propheten den Gipfel der jüdischen Entwicklung bildeten – und das Judentum in seinem post-prophetischen Zeitalter zu einem bloßen nationalen Legalismus herabgesunken sei. Der wahre Erbe der prophetischen Tradition sei nicht das Judentum, sondern das Christentum gewesen: Jesus war der Erbe, nicht die Rabbiner. Heschels theoretische Arbeit und sein Leben galten der Widerlegung dieser These – ein Umstand, der seine Freundschaft mit King, einem protestantischen Pastor, umso beeindruckender macht. Es heißt, King und seine Mitstreiter hätten Taschenbuchausgaben von *The Prophets* mit sich geführt und sie als Inspiration für Reden und Predigten genutzt.

Diese gemeinsame Rückbesinnung auf die Prophetie durch den polnisch-jüdischen Flüchtling und Gelehrten einerseits und den Anführer der Bürgerrechtsbewegung andererseits diente vor allem diesem Zweck: nicht nur der Rückkehr zu einer kompromisslosen Idee von Gerechtigkeit, sondern der Rückkehr zu ihr als der einzigen Idee, die über die Kraft verfügt, den Nihilismus zu überwinden. Heschel formuliert das so:

> Unsere Welt scheint einer Schlangengrube nicht unähnlich. Wir sind nicht 1939 in diese Grube gelangt oder gar 1933. Wir sind vor Generationen in sie hinabgestiegen, und die Schlangen haben ihr Gift in den Blutkreislauf der Menschheit gemischt […], wodurch sie unseren Geist trübe gemacht und unseren Blick verfinstert haben. […] In unserem alltäglichen Leben haben wir die Stärke ange-

> betet, die Barmherzigkeit verachtet und keinem Gesetz gehorcht als dem unseres unersättlichen Verlangens. Die Vision des Heiligen ist in der Seele des Menschen fast erstorben. Und als die Gier, der Neid und der rücksichtslose Wille zur Macht, jene Schlangen, die wir am Busen unserer Kultur genährt haben, zur vollen Reife kamen, brachen sie aus ihren Höhlen aus und fielen über die hilflosen Völker her. [...] Die größte Aufgabe unserer Zeit besteht darin, die Seelen der Menschen aus der Grube herauszuholen.[232]

King stand natürlich vor derselben Aufgabe. Ihm war klar, dass die nihilistische Feier der Macht und des Eigeninteresses der wahre Feind der Gerechtigkeit ist und dass ein solcher Nihilismus tief in den Köpfen der Menschen sitzt. Als er über seine schwarzen Mitstreiter bestürzt war, weil sie dem Vietnamkrieg zustimmten, und sie ihn angriffen, weil er sich dem Krieg auf Kosten der Interessen ihrer Bewegung widersetzte, beklagte er genau diesen Nihilismus – diese Kritiker würden »mich« und oder seine »Berufung gar nicht wirklich kennen«.[233] Einen Freund aber hatte er, der Kings »Berufung« zweifellos verstand, nicht nur, weil auch er gegen den Vietnamkrieg war, als er damit in seiner Gemeinschaft gegen den Strom schwimmen musste, sondern als der Verfasser eines Buches mit dem Titel *The Prophets*. Wie Heschel einmal kritisch anmerkte, »ist es eine Blasphemie, von Gott zu sprechen und vom Vietnamkrieg zu schweigen«.[234] Man hört ein Echo dieser Feststellung, wenn King beginnt, sich öffentlich gegen den Krieg auszusprechen, indem er, wie er sagt, »den Verrat meines eigenen Schweigens« durchbricht.[235]

Zusammen gingen die beiden einen langen Weg, doch springt uns im Rückblick mindestens ein Thema ins Auge, über das sie nicht sprachen – sie waren beide Zionisten, die sich in den Jahren nach dem Holocaust für das jüdische Wiederaufleben einsetzten, sich aber nicht genügend mit Palästina beschäftigten. Die beiden verstarben, bevor sie Gelegenheit bekamen, Israels jahrzehntelanges Siedlungsprojekt und die Apartheidstruktur mitzuerleben, die das Westjordanland seit vielen Jahren prägt. Noch nicht einmal von diesen beiden Propheten konnte man erwarten, dass sie in die Zukunft sehen. Doch verstanden sie auch nicht, was man damals schon hätte verstehen können – dass die Palästinenser im Staat der Juden bestenfalls darauf hoffen können, »getrennt aber gleich« zu sein, das heißt Bürgerinnen und Bürger zweiter Klasse, eine Vorstellung, die beide in den Vereinigten Staaten vehement bekämpften. Und sicherlich begrüßten sie auch nicht die massiven Vertreibungen und Enteignungen der palästinensischen Gesellschaft im Zuge der Gründung des israelischen Staates. Trotz ihrer absoluten Integrität sahen sie das palästinensische Volk einfach nicht. Ist aber nicht überall die Gerechtigkeit in Gefahr, wenn irgendwo Unrecht geschieht?

Was würden sie sagen, wenn sie heute lebten? Natürlich kennen wir die Antwort nicht, aber ich habe keinen Zweifel über die Richtung der Antwort, die sie geben würden, und ebenfalls keinen Zweifel daran, dass sie sie laut aussprächen. Es wäre weder die Festlegung auf einen jüdischen Staat im Schatten des Holocausts noch eine Reduktion der Lage auf das Prisma der postkolonialen oder Critical-Race-Kritik. Sie würden eine Position einnehmen, in der die absolute Liebe zur Menschheit und nicht nur die berechtigte Wut oder die nihilistische Angst der Opfer im Vordergrund steht.

***

Eine Freundin schrieb mir, nachdem sie das vorliegende Buch im Manuskript gelesen hatte: Das ist eine weit hergeholte intellektuelle Intervention, mit allen Vor- und Nachteilen. Die politischen Fragen bleiben offen, wie auch die moralischen. Was passiert, wenn wir uns von deiner theoretischen Untersuchung der Ursprünge des Universalismus wieder zur Politik zurückwenden? Du machst dir nicht die Hände schmutzig und wirfst dich in die aktuellen Identitätsdebatten; wie aber sieht deine Verteidigung des Humanismus von Kant und den Propheten in der realen Welt aus?

Das kürzeste Beispiel, das ich als Antwort geben kann, habe ich anderswo ausführlich formuliert: Sie sieht aus wie die Republik Haifa, jene realistische binationale Utopie, die ich in einem früheren Buch entwickelt habe.[236] Die Art von Verhältnis zur jüdischen und palästinensischen Identität, zum Aussprechen der Wahrheit über den Widerspruch zwischen jüdischem Staat und Demokratie, zu den Hoffnungen auf eine Einstaatenlösung, bei der alle gleich sind, ist die Art von Politik, welcher der radikale Universalismus als Metaphysik dient.

Der Zionismus ist schließlich der exemplarische Fall von Identitätspolitik in der Nachkriegszeit. Er ist zudem eine gerechtfertigte Form von Identitätspolitik, wenn es so etwas überhaupt gibt. Die zionistische Argumentation geht so: Der Universalismus der europäischen Aufklärung hat uns im Stich gelassen. Er hat bei der Verteidigung unserer Rechte versagt; er hat bei der Verteidigung unserer Kultur versagt; er hat ganz sicher bei der Verteidigung unseres Lebens versagt. Tatsächlich hat er, soweit der europäische Faschismus und Auschwitz – das Schicksal, dem Abraham Joshua Heschel entkommen konnte, wenn auch nur knapp – Produkte der Aufklärung waren (man denke an die *Dialektik der Aufklärung),* nicht nur bei unserer Verteidigung versagt, sondern er hat uns gezielt angegriffen, genauso wie er Kolonialismus und Sklaverei hervorgebracht hat. Deshalb brauchen wir unsere eigene, jüdische Politik, um zu überleben. Und wenn man diese Idee aus einer universalistischen Perspektive kritisiert, dann nur deshalb, weil man als privilegierter Nichtjude die jüdische Erfahrung gar nicht verstehen kann. Der Gedanke, man habe das Recht, über die Opfer zu urteilen, macht einen zum Antisemiten.

Man kennt diese Argumentation aus anderen identitätspolitischen Gemengelagen. Auf ihrer Gegenseite wiederum finden wir die Palästinenser, die zurecht behaupten, dass sie von Außenstehenden unterwandert und kolonisiert worden sind, Außenstehenden, die ihr Land übernommen und sie aus ihm vertrieben haben und diejenigen, die in ihm geblieben sind, gewaltsam unterdrücken, während sie gleichzeitig dem Westen erfolgreich die Geschichte von »der einzigen Demokratie im Nahen Osten« verkaufen. Das Problem, ist man versucht zu sagen, besteht nicht darin, dass Israel nur eine unvollkommene westliche liberale Demokratie ist, sondern darin, dass es so ist, wie westliche liberale Demokratien nun einmal sind: Sie sind für immer auf der gewaltsamen Unterdrückung anderer gegründet.

Wenn jede Seite in dieser Debatte ihre Politik mit der Bekräftigung ihrer eigenen Identität beginnt – der jüdischen oder der palästinensischen –, dann gelangt sie jeweils zur Auslöschung der anderen. (Wobei die Situation zweifellos nicht symmetrisch ist: Gegenwärtig verfügen wir Juden über die Macht zur Zerstörung der palästinensischen Gesellschaft und treiben diesen bereits fortgeschrittenen Prozess weiter voran.) Soweit ein israelisches »wir Juden« – aber auch das Pendant »wir Palästinenser« – am Ursprung des Denkens steht, löschen beide sich gegenseitig aus – ihre jeweilige Erzählung, Geschichte, ja Legitimität und Existenz. Der Grund, aus dem die gegenwärtigen Debatten zwischen den Zionistinnen und ihren postkolonialen Kritikerinnen und Kritikern so heftig sind, liegt weniger in ihrer Unterschiedlichkeit als darin, dass sie sich in ihrem Bekenntnis zur Identität so erschreckend ähneln.

Die Zionisten im Schatten des Holocausts wehren sich dagegen, den Holocaust – und die Gründung des Staates Israel in seiner Folge – im Zusammenhang mit dem Kolonialismus zu verstehen, weil sie der Meinung sind, dass dies die systematische Vernichtung des europäischen Judentums als das fundamentale Verbrechen relativiere. Israel sei kein kolonialistischer Apartheidstaat, so ihr Argument, sondern ein Staat von Holocaust-Überlebenden. Natürlich ist das ein Trugschluss, denn Israel kann beides sein und ist es leider auch. Auf der anderen Seite finden wir Palästinenser und Postkolonialisten, die so tun, als sei es eine »Normalisierung«, die Kolonialisierung und Vertreibung der Palästinenserinnen und Palästinenser auch im Zusammenhang mit dem Holocaust zu verstehen. In den

Begriffen der Holocaustforschung wäre das eine Kolonialismus-Relativierung.

Auf einer Konferenz zur Vereinnahmung des Gedenkens, die unlängst unter dem Titel »Hijacking Memory« in Berlin stattfand und auf der ich auch einen Vortrag hielt, erhofften wir uns unter anderem, die systematische Umwandlung des Holocaust-Gedenkens in eine Waffe zur anhaltenden Verfolgung der Palästinenser zu problematisieren. Doch Tareq Baconi, der einzige palästinensische Redner in dem Programm – eine der vielversprechendsten palästinensischen Stimmen in amerikanischen und englischen Kreisen –, nutzte die Bühne, um die Prämisse der Konferenz zu bestreiten: Das Holocaust-Gedenken dürfe nicht nur nicht vereinnahmt werden, sondern es solle für Palästina schlicht irrelevant bleiben.[237] Und weil er seinem Vortrag die Annahme zugrunde legte, dass diese Geschichte nicht relevant sei, bestand dessen Schlussfolgerung in der Ablehnung nicht nur einer Zweistaatenlösung, sondern auch einer binationalen. Um es deutlich zu sagen: Diese These ist keinesfalls schlimmer als die Weigerung, den jüdischen Staat als Kolonialmacht zu sehen. Sie ist aber auch keinesfalls besser, und sie wird auch nicht besser durch die Fähigkeit, die dahinterstehende Wut nachzuvollziehen, selbst die eines Palästinensers.

Die einzige Möglichkeit, die Antinomien von Identitäten aufzulösen, die einander nihilistisch löschen – »canceln« –, besteht darin, auf dem Universalismus als Ursprung zu beharren statt auf Identität. Darin, die eigene Politik mit der Verpflichtung auf die Gleichheit aller Menschen zu beginnen und die Ansprüche von Identität an dieser Verpflichtung zu prüfen. Ja, Postkolonialisten wie Zionisten werden mir hier das gleiche entgegnen: dass dies ein Universalismus der Privilegierten sei, wir Opfer hingegen unsere eigene Identität bräuchten. Doch in *Israel – eine Utopie* habe ich mir die Hände schmutzig gemacht, um zu zeigen, dass es möglich ist, eine solche Politik sowohl der jüdischen als auch der palästinensischen Erinnerung ebenso zu denken wie eine radikale Neustrukturierung des Landes, um einen gemeinsamen Begriff von Staatsbürgerschaft zu entwickeln: Ein geteiltes, binationales »Wir« muss am Ende eines solchen politischen Prozesses stehen, nicht das Pochen auf dem jeweiligen ausschließenden identitären »Wir« an seinem Beginn.

Die abstrakte, absolute Verpflichtung auf die Menschheit löscht die Identitäten nicht aus; ganz im Gegenteil sind es die Identitäten, die sich gegenseitig auslöschen. Letztlich wird nur der Universalismus sie verteidigen können. Ein falscher Universalismus wird dafür nicht genügen, nur die wahre, radikale Form. Sie zu erreichen, ist nicht leicht, wie Heschel und King wussten, und würde voraussetzen, dass man den Geist der Menschen aus der Grube befreit.

DANK

Die zahlreichen Themen, die dieses kurze Buch zu verbinden versucht, haben seinen Verfasser in beträchtliche intellektuelle Schulden gestürzt – bei Expertinnen und Experten, Kolleginnen und Kollegen, Studentinnen und Studenten, Mentorinnen und Mentoren, Freundinnen und Freunden. Manche von ihnen kommentierten jedes dieser (politischen, philosophischen, geschichtlichen, theologischen) Themen, andere die Frage, wie sie alle unter einen Hut zu bringen wären. Mein Dank geht an Leiki Saban, Tami Ezer, Edward Greenstein, Michael Della Rocca, Karsten Harries, Karl Ameriks, Susan Neiman, Richard Bernstein, Paul Kottman, Jack Miles, Jay Bernstein, Axel Hutter, Thomas Meyer, Sarah Schweig, Roberto Palomba, Anat Schechtman, Wolfram Eilenberger, Avrum Burg, Karen Haber, Ulrika Carlsson, Dan Landau, Yoni Leibowitch, Yuval Adler, Thomas Cantone und Jordi Graupera. Ein besonderer Dank gebührt Ceciel Meiborg für ihre ausgiebigen und unverzichtbaren Anmerkungen. Meine Eltern Eti und Amnon Boehm halfen mir mit umfassender Unterstützung und Kritik. Inbal Hever warnte mich vor der Versuchung, dem Verständnis des sogenannten Durchschnittslesers Opfer zu bringen. Ihr ist es zu verdanken, dass ich meine intellektuelle Integrität bewahren konnte.

Ich habe das große Glück, mit dem Haus Ullstein zusammenzuarbeiten, insbesondere mit Kristin Rotter, der Programmleiterin von Propyläen, Christine Heinrich, der Leiterin der Presseabteilung, und Karsten Kredel, dem Verleger. Alle drei haben mich stets hervorragend unterstützt –

nicht zuletzt, als die Niederschrift viel länger dauerte als erwartet. Die Kommentare und Vorschläge meines Lektors Jan Ogiermann waren in der Schlussphase von unschätzbarem Wert. Und wie immer bin ich Michael Adrian zu Dank verpflichtet, der mir eine deutsche Stimme gegeben hat, die ich als die meine wiedererkenne.

ANMERKUNGEN

1 W. E. B. Du Bois: *Black Reconstruction in America. An Essay toward a History of the Part Which Black Folk Played in the Attempt to Reconstruct Democracy in America, 1860–1880*, New York 1935.

2 Vgl. W. E. B. Du Bois: *Dusk of Dawn. An Essay toward and Autobiography of a Race Concept*, Oxford 2007.

3 W. E. B. Du Bois: »Acceptance speech by Dr. W. E. B. Du Bois, June 23, 1960«. James Aronson-W. E. B. Du Bois Collection (MS 292). Special Collections and University Archives, University of Massachusetts Amherst Libraries. https://credo.library.umass.edu/view/full/mums292-b001-i142 (zuletzt aufgerufen am 16. 5. 2022).

4 Michael Steinberg in einem Vortrag an der Cornell University: https://www.cornell.edu/video/michael-p-steinberg-martin-luther-king-jr-east-west-berlin (zuletzt aufgerufen am 16. 5. 2022).

5 Jan-Werner Müller: »Die Mär von der illiberalen Linken«, 13. August 2020, https://www.ipg-journal.de/regionen/nordamerika/artikel/die-maer-von-der-illiberalen-linken-4569/ (zuletzt aufgerufen am 17. 5. 2022).

6 Ebd.

7 Vgl. Robert Bernasconi: »Kant as an Unfamiliar Source of Racism«, in: Julie K. Ward / Tommy L. Lott (Hrsg.): *Philosophers on Race. Critical Essays*, Oxford 2002, S. 145–166; insbesondere aber Charles W. Mills: *The Racial Contract*, Ithaca, NY 1997, S. 72; ders.: »Kant's Untermenschen«, in: Andrew Valls (Hrsg.): *Race and Racism in Modern Philosophy*, New York 2005, S. 169–193.

8 Samuel Moyn: »The Modernization of Duties«, in: *Liberties* 2 (2022), H. 2, S. 51–75, hier S. 52. Bemerkenswerterweise lässt dieser eindringliche Aufsatz den einen modernen Philosophen unerwähnt, der sich sehr wohl um die Modernisierung des Pflichtbegriffs bemüht hat, nämlich Immanuel Kant. Man wird sein Vorhaben nicht als eine Nebenepisode in der Entwicklung des modernen politischen Denkens bezeichnen wollen. Eine auffällige Ausnahme vom allgemeinen Trend ist Aleida Assmann: *Menschenrechte und Menschenpflichten. Schlüsselbegriffe für eine humane Gesellschaft*, Wien 2018.

9 Robert Cover: »Obligation. A Jewish Jurisprudence of the Social Order«, in: *Journal of Law and Religion* 5 (1987), H. 1, S. 65–74.

10 Richard Rorty: *Stolz auf unser Land. Die amerikanische Linke und der Patriotismus*, übers. von Hermann Vetter, Frankfurt/M. 1999.

11 Mark Lilla: *The Once and Future Liberal. After Identity Politics*, New York 2017.

12 Jill Lepore: *Dieses Amerika. Manifest für eine bessere Nation*, übers. von Werner Roller, München 2020, S. 16 f.

13 Anthony Appiah: »The Uncompleted Argument. Du Bois and the Illusion of Race«, in: Henry Louis Gates, Jr. (Hrsg.): *»Race«, Writing and Difference*, Chicago 1985, S. 21–37. Vgl. auch Bernasconi: »Kant as an Unfamiliar Source of Racism«; sowie Stuart Hall, *Das verhängnisvolle Dreieck. Rasse, Ethnie, Nation*, übers. von Frank Lachmann, Berlin 2018.

14 Immanuel Kant: »Beantwortung der Frage: Was ist Aufklärung?«, in: *Abhandlungen nach 1781*, hrsg. von Heinrich Maier / Max Frischeisen-Köhler / Paul Menzer, *Werke*, hrsg. von Wilhelm Dilthey (Bde. 1–9 der *Gesammelten Schriften*, Akadamie-Ausgabe), Bd. 8, Berlin 1968, S. 35.

15 Rorty: *Stolz auf unser Land*, S. 23, wo diese Idee Dewey und Whitman zugeschrieben wird. Vgl. auch Richard Rorty: »Ethics without Universal Obligations«, in: ders.: *Pragmatism as Anti-Authoritarianism*, Cambridge 2021, S. 126–143.

16 Friedrich Nietzsche: *Die fröhliche Wissenschaft*, in: *Sämtliche Werke. Kritische Studienausgabe*, hrsg. von Giorgio Colli / Mazzino Montinari, Bd. 3, München 1980, S. 470 (Abschn. 143).

17 Sigmund Freud: *Der Mann Moses und die monotheistische Religion. Drei Abhandlungen*, in: ders.: *Kulturtheoretische Schriften*, Frankfurt/M. 1986.

18 Jan Assmann: *Die Mosaische Unterscheidung oder der Preis des Monotheismus*, München 2003.

19 Vgl. Richard Rorty: »Pragmatismus als romantischer Polytheismus«, in: ders.: *Philosophie als Kulturpolitik*, übers. von Joachim Schulte, Frankfurt/M. 2008, S. 56–81.

20 1. Mose 18, 25.

21 Vgl. etwa W. E. B. Du Bois: *John Brown*, hrsg. von Henry Louis Gates, Jr., Oxford 2007, S. 152–154; Tony Horwitz: *Midnight Rising. John Brown and the Raid That Sparked the Civil War*, New York 2011, S. 5. Die erste philosophische Darstellung in der modernen Geschichte, die John Brown als philosophisches Problem behandelt und Brown tatsächlich als Helden und nicht als Verrückten begreift, hat Susan Neiman in ihren Tanner Lectures on Human Values vom 26. März 2010 an der Universität Michigan vorgelegt.

22 Vgl. Mr. Vallandigham im *Enquirer* aus Cincinnati; zitiert nach Henry

David Thoreau: »A Plea for Captain John Brown«, in: ders.: *Essays. A Fully Annotated Edition*, hrsg. von Jeffrey S. Cramer, New Haven 2013, S. 190–215, hier S. 206; Charles J. G. Griffin: »John Brown's ›Madness‹«, in: *Rhetoric & Public Affairs* 12 (2009), H. 3, S. 369–388, hier S. 370.

23 Der Abolitionist William Lloyd Garrison, Herausgeber der Wochenzeitung *The Liberator*; zitiert nach Griffin: »John Brown's ›Madness‹«, S. 370.

24 Abraham Lincoln: Speech at Leavenworth, Kansas, December 3, 1859, in: *Collected Works of Abraham Lincoln*, Bd. 3, New Brunswick, NJ 1953, S. 502.

25 Du Bois: *John Brown*, S. 15.

26 William Lloyd Garrison in seiner Zeitung *Liberator*; zitiert nach Louis Menand: *The Metaphysical Club. A Story of Ideas in America*, New York 2001, S. 14; basierend auf Jesaja 28,15.

27 Ralph Waldo Emerson, Vortrag vor der Parker Fraternity in Tremont Temple: »Courage«, Boston, 8. November 1859; zitiert nach George Willis Cooke: *Ralph Waldo Emerson. His Life, Writings, and Philosophy*, Boston 1882, S. 140.

28 Henry David Thoreau: »Ein Plädoyer für John Brown«, in: ders.: *Über das Wandern und weitere Schriften*, übers. von Tom Amarque, Hamburg 2018, S. 150–186, hier S. 171 (Übers. geänd., A. d. Ü.).

29 Alexis de Tocqueville: *Über die Demokratie in Amerika*, übers. von Hans Zbinden, München 1984, 1. Buch, 2. Teil, 7. Kap.: »Über die Allmacht der Mehrheit in den Vereinigten Staaten und über ihre Wirkungen«.

30 Thoreau: »Plädoyer«, S. 182 (Übers. korr., A. d. Ü.).

31 Ebd., S. 171.

32 Ebd., S. 166 f. (Übers. geänd., A. d. Ü.).

33 Ralph Waldo Emerson an Oliver Wendell Holmes, März 1856, in: *The Selected Letters of Ralph Waldo Emerson*, hrsg. von Joel Myerson, New York 1997, S. 389.

34 William Ellery Channing: »Remarks on Associations« (1829), in: *Works of William Ellery Channing, D. D.*, Boston 1841–1843, Bd. 1, S. 290; zitiert nach Menand: *The Metaphysical Club*, S. 19 f.

35 Ralph Waldo Emerson: »Selbstvertrauen« in: ders.: *Essays. Erste Reihe*, übers. und hrsg. von Harald Kiczka, Zürich 1982, S. 39–73, hier S. 41. Die Beziehung zwischen Emerson und Tocqueville wird nicht immer zur Kenntnis genommen. Interessanterweise kannte Emerson Tocquevilles These durch John Mills Besprechung von

Über die Demokratie in Amerika sowie seine zustimmende Erörterung der These von der Tyrannei der Mehrheit: »De Tocqueville on Democracy in America«, in John Stuart Mill: Collected Works, Bd. 18, S. 49–90 und 155–204. Vgl. insbes. S. 82 f.

36 Victor Hugo in einem offenen Brief an die *London News*, 2. Dezember 1859, in: John Stauffer / Zoe Trodd (Hrsg.): *The Tribunal. Responses to John Brown and the Harpers Ferry Raid*, Cambridge, MA 2012, S. 371.

37 1. Mose 4, 9.

38 1. Mose 4, 10.

39 John Locke: *Über die Regierung (The Second Treatise of Government)*, übers. von Dorothee Tidow, Stuttgart 1999. Zu den Quellen für den Entwurf der Erklärung vgl. etwa Carl Lotus Becker: *The Declaration of Independence. A Study in the History of Political Ideas*, New York 1922.

40 Leo Strauss erwähnt dieses Problem in der Einleitung zu seinem Buch *Naturrecht und Geschichte. Gesammelte Schriften*, Bd. 4, hrsg. von Heinrich Meier, Hamburg 2022, S. 9–16, und seine Schüler gehören zu den wenigen, die sich direkt damit auseinandersetzten. (Vgl. etwa Harry V. Jaffa: *Crisis of the House Divided. An Interpretation of the Issues in the Lincoln-Douglas Debates*, Chicago 2009; sowie ders.: *A New Birth of Freedom. Abraham Lincoln and the Coming of the Civil War*, Lanham, MD 2018.) Diese Problembearbeitungen dienen den Straussianern allerdings dazu, eine – doch wohl reaktionäre – Rückkehr zur antiken Philosophie, insbesondere zu Aristoteles, zu rechtfertigen, um eine Antwort auf den Nihilismus beziehungsweise auf das zu finden, was sie als »Krise der Moderne« bezeichnen, statt dass sie nach einer modernen Antwort auf die Folgen der Naturwissenschaften für das Naturrecht suchen würden. Dabei ignorieren sie bequemerweise Kant, den einen Philosophen, der dasselbe Problem erkannte und sich an einer modernen Lösung versuchte. Strauss selbst analysiert die Krise der Moderne in *Naturrecht und Geschichte* mit Überlegungen zu Weber (der vor dem Hintergrund von Strauss' Erörterung des »Historismus« wahrscheinlich ein Deckname für Heidegger ist!), Hobbes, Locke, Machiavelli und Burke, die er mit einer Diskussion von Rousseaus (für Strauss letztlich erfolglosem) Lösungsversuch beschließt. Kants Name fällt kein einziges Mal.

41 Friedrich Nietzsche: *Die Geburt der Tragödie*, in: *Sämtliche Werke*, Bd. 1, München 1980, S. 19.

42 Friedrich Nietzsche: »Ueber Wahrheit und Lüge im aussermoralischen Sinne«, in: ebd., S. 873–890, hier S. 875.

43 Jeremy Waldron: *God, Locke, and Equality. Christian Foundations in Locke's Political Thought*, Cambridge 2002.

44 Jürgen Habermas: »The Controversy over the Secularization Hypothesis and the Role of Religion in a Post-Secular Society«, Universität Yale, 6. Oktober 2008; »The Secular Level of Intercultural Communication in an Emergent, Multicultural World Society«, Universität Yale, 7. Oktober 2008; »On the Self-Understanding of Secular Reason«, Universität Yale, 13. Oktober 2008.

45 Jürgen Habermas: *Nachmetaphysisches Denken. Philosophische Aufsätze*, Frankfurt/M. 1998, S. 60. Peter Gordon und Jay Bernstein kritisieren diesen Aspekt von Habermas' Werk; vgl. Peter E. Gordon: *Migrants in the Profane. Critical Theory and the Question of Secularization*, New Haven 2020; ders.: »Kritische Theorie zwischen dem Heiligen und dem Profanen«, in: *WestEnd. Neue Zeitschrift für Sozialforschung* (2016), H. 1, S. 3–34; sowie J. M. Bernstein: »Forgetting Isaac. Faith and the Philosophical Impossibility of a Postsecular Society«, in: Craig Calhoun / Eduardo Mendieta / Jonathan VanAntwerpen (Hrsg.): *Habermas and Religion*, Cambridge / Malden, MA 2013, S. 154–175.

46 Man übersieht leicht, dass Jacobi den Ausdruck erst 1799 zum ersten Mal verwendete, um nämlich Fichtes Position zu charakterisieren; vgl. Werner Röhr (Hrsg.): *Appellation an das Publikum ... Dokumente zum Atheismusstreit um Fichte, Forberg und Niethammer, Jena 1798/99*, Leipzig 1987, S. 153–167. Jacobis Schlussfolgerung, dass die Aufklärung zu Spinozismus (und damit zu Pantheismus, Fatalismus und Atheismus) führt, ist der Ursprung seines Begriffs »Nihilismus«.

47 Vgl. Steven Nadler's Darstellung in *A Book Forged in Hell. Spinoza's Scandalous Treatise and the Birth of the Secular Age*. Princeton 2011.

48 Jonathan I. Israel hat diesen Umstand in seiner monumentalen Trilogie über die Radikalaufklärung zweifelsfrei bewiesen; vgl. *Radical Enlightenment. Philosophy and the Making of Modernity 1650–1750*, New York 2001; *Enlightenment Contested. Philosophy, Modernity, and the Emancipation of Man 1670–1752*, New York 2006; *Democratic Enlightenment. Philosophy, Revolution, and Human Right 1750–1790*, New York 2011.

49 Baruch de Spinoza: *Ethik in geometrischer Ordnung dargestellt*. Lateinisch-Deutsch, *Sämtliche Werke*, Bd. 2, übers. und hrsg. von Wolfgang Bartuschat, Hamburg 2015, III. Teil, Lehrsatz 9, Anm., S. 243.

50 *Ethik* IV, Lehrsatz 68, S. 495.

51 Hiob 38, 1–4.

52 Vgl. Cohens Angriff auf Spinozas Verrat am Judentum: »Spinoza über Staat und Religion, Judentum und Christentum«, in: *Hermann Cohens Jüdische Schriften*, hrsg. von Bruno Strauss, Bd. 3: *Zur jüdischen Religionsphilosophie und ihrer Geschichte*, Berlin 1924, S. 290–372, hier S. 361.

53 Friedrich Nietzsche an Franz Overbeck, 30. Juli 1881, in: ders.: *Sämtliche Briefe. Kritische Studienausgabe*, hrsg. von Giorgio Colli / Mazzino Montinari, Bd. 6: *Januar 1880-Dezember 1884*, München 1986, S. 111.

54 Immanuel Kant: *Kritik der reinen Vernunft* (2. Aufl. 1787 – B), hrsg. von Benno Erdmann, *Werke*, Bd. 3, Berlin 1968, XXX (hinfort KrV (B)).

55 Immanuel Kant: *Kritik der praktischen Vernunft*, hrsg. von Paul Natorp, *Werke*, Bd. 5, Berlin 1968, S. 101 (hinfort KpV).

56 Ebd.

57 KpV, S. 103.

58 KpV, S. 102.

59 KrV (B), XXXIV.

60 Immanuel Kant: *Kritik der reinen Vernunft* (1. Aufl. 1781 – A), hrsg. von Benno Erdmann, *Werke*, Bd. 4, Berlin 1968, VIII (hinfort KrV (A)).

61 Nietzsche: »Ueber Wahrheit und Lüge im aussermoralischen Sinne«, S. 880 f.

62 Adorno und Horkheimer gaben den Ton an, als sie sich wiederholt beklagten, dass die Aufklärung ihren »instrumentellen« und »positivistischen« Wissensbegriff nie eingeschränkt habe. Da sie die Tatsache, dass die *Kritik der reinen Vernunft* eine Ausnahme von dieser Behauptung darstellt, nicht ignorieren können, fügen sie abschätzig hinzu: »Wo sie das Wissen einschränkte, geschah es in der Regel […], um zum Glauben Platz zu bekommen.« Max Horkheimer / Theodor W. Adorno: *Dialektik der Aufklärung. Philosophische Fragmente*, Frankfurt/M. 2008, S. 25 f. Dieses Versäumnis, Kants Beschränkung des Wissens und Verständnis des Glaubens ernst zu nehmen, führt auch zu ihrer groben Fehlinterpretation Kants als eines Positivisten. Während Adornos und Horkheimers Analyse der Dialektik der Aufklärung ins Schwarze trifft, verblüfft ihre Blindheit für den Umstand, dass Kant bereits auf diese Dialektik reagiert. Jonathan Israel begeht denselben Denkfehler, wenn er Kant als einen »moderaten« Denker im Gegensatz zur »radikalen« Aufklärung Spinozas charakterisiert. Vgl. Israel: *Democratic Enlightenment*, S. 729.

63 Kant: »Was ist Aufklärung?«, S. 35.

64 Wie Cassirer gezeigt hat, übernahm Kant die ursprüngliche Einsicht von Rousseau; vgl. Ernst Cassirer: »Das Problem Jean Jacques Rousseau«, in: ders.: *Über Rousseau*, hrsg. von Guido Kreis, Berlin 2012, S. 7–90.

65 Immanuel Kant: *Grundlegung zur Metaphysik der Sitten*, hrsg. von Paul Menzer, *Werke*, Bd. 4, Berlin 1968, S. 434 f.

66 Diese Art Glauben gleicht dem cartesianischen Beweis in der dritten Meditation, in der Descartes eine Vorstellung von Unendlichkeit anerkennt, deren Ursprung er nicht hätte selbst sein können (René Descartes: *Meditationen über die Grundlagen der Philosophie mit sämtlichen Einwänden und Erwiderungen*, übers. und hrsg. von Artur Buchenau, Hamburg 1972, S. 36–43; *Oeuvres de Descartes*, hrsg. von Charles Adam / Paul Tannery, Bd. 7, Paris 1964, S. 45–52). Bekanntlich weist Kant diesen Argumentationstyp als ontologisches Argument zurück; letztlich aber akzeptiert er dieselbe argumentative Struktur als Beweisgrundlage, allerdings nicht aus theoretischen, sondern aus moralischen Erwägungen: Die *absolute* Forderung der Gerechtigkeit könnte weder von uns selbst noch gar von der Natur, die blind ist, ergangen sein (KrV (A) 592–602 / (B) 620–630).

67 Immanuel Kant: »Über das Mißlingen aller philosophischen Versuche in der Theodicee«, hrsg. von Heinrich Maier, in: *Abhandlungen nach 1781*, S. 253–271, hier, S. 267.

68 Hiob 42, 7–8.

69 1. Mose 18, 23–25.

70 Hiob 9, 4.

71 Hiob 9, 22

72 Hiob 9, 12.

73 Zwischen beiden Texten bestehen zahlreiche Ähnlichkeiten. Ich untersuche sie in »›He Destroys Both the Innocent with the Wicked‹. Between Job and Abraham«, Kap. 8 meines Buches *The Binding of Isaac. A Religious Model of Disobedience*, New York 2007, S. 86–100.

74 1. Mose 18, 18–19.

75 1. Mose 22.

76 Immanuel Kant: *Der Streit der Fakultäten*, hrsg. von Karl Vorländer, *Werke*, Bd. 7, Berlin 1968, S. 63.

77 Heinrich Heine: *Zur Geschichte der Religion und Philosophie in Deutschland*, in: *Sämtliche Schriften in zwölf Bänden*, hrsg. von Klaus Briegleb, Bd. 5: *Schriften 1831–1837*, hrsg. von Karl Pörnbacher, Frankfurt/M. / Berlin / Wien 1981, S. 594 f.

78 KrV (B) 370.

79 Danielle Allen schlägt in ihrem Buch *Our Declaration. A Reading of the Declaration of Independence in Defense of Equality*, New York 2014, eine ähnliche Lesart dieses Satzes als eines Syllogismus vor. Doch versteht sie die Grundlage der Prämisse völlig anders – nämlich dahingehend, dass die selbstverständlichen Wahrheiten angeblich empirisch selbstverständlich sind.

80 Zitiert nach Jaffa: *Crisis of the House Divided*, S. 313 f.

81 Ebd., S. 314.

82 Zitiert nach Jaffa: *A New Birth of Freedom*, S. 406.

83 Zitiert nach ebd., S. 292.

84 Der Text ist abgedruckt u. a. bei Becker: *The Declaration of Independence*, S. 180 f.

85 Immanuel Kant: *Physische Geographie*, hrsg. von Friedrich Theodor Rink / Paul Gedan, *Werke*, Bd. 9, Berlin 1968, S. 316.

86 Charles W. Mills: *The Racial Contract*, Ithaca, NY 1997, S. 72 (kursive Begriffe im Original deutsch).

87 Immanuel Kant: »Bemerkungen in den *Beobachtungen über das Gefühl des Schönen und Erhabenen*«, hrsg. von Gerhard Lehmann, in: *Handschriftlicher Nachlaß*, Bd. 7, *Gesammelte Schriften*, Bd. 20, Berlin 1942, S. 88. Vgl. die wichtige Darstellung von Karl Ameriks: »The Fate of Dignity. How Words Matter«, in: Yasushi Kato / Gerhard Schönrich (Hrsg.): *Kant's Concept of Dignity, Kantstudien-Ergänzungshefte*, Bd. 209, Berlin 2020, S. 261–282.

88 Vgl. Immanuel Kant: »Zum ewigen Frieden. Ein philosophischer Entwurf«, hrsg. von Heinrich Maier, in: *Abhandlungen nach 1781*, S. 341–386, hier S. 354–360.

89 Immanuel Kant: *Die Metaphysik der Sitten*, hrsg. von Paul Natorp, *Werke*, Bd. 6, Berlin 1968, S. 353.

90 Martin Luther King: »Die Zeit für schöpferischen Protest ist gekommen. Brief aus dem Gefängnis in Birmingham«, in: ders.: *Ich habe einen Traum*, hrsg. von Hans-Eckehard Bahr / Heinrich W. Grosse, Düsseldorf 2003, S. 62–87, hier S. 65. (Übers. geänd., A. d. Ü.)

91 The White Ministers' Good Friday Statement, April 12, 1963, Appendix 2, in: S. Jonathan Bass: *Blessed Are the Peacemakers. Martin Luther King, Jr., Eight White Religious Leaders, and the »Letter from Birmingham Jail«*, Knoxville 1996, S. 235 f.

92 The White Ministers' Law and Order Statement, January 16, 1963, »An Appeal for Law and Order and Common Sense«, Appendix 1, in: ebd., S. 233 f.

93 The White Ministers' Good Friday Statement, S. 235.
94 King: »Brief aus dem Gefängnis in Birmingham«, S. 63.
95 Ebd., S. 64.
96 Ebd., S. 68–70.
97 Ebd., 73.
98 Ebd., S. 70 (Übers. erg. A. d. Ü.); Aurelius Augustinus: *De libero arbitrio / Der freie Wille*, zweisprachige Ausgabe, hrsg. und übers. von Johannes Brachtendorf, *Opera*, Bd. 9, Paderborn 2006, 1. Buch, 5. Kap.
99 King: »Brief aus dem Gefängnis in Birmingham«, S. 70; vgl. Thomas von Aquin: *Summa Theologica*, Pt. 1.2, Quest. 90–108.
100 King: »Brief aus dem Gefängnis in Birmingham«, S. 78.
101 Römer 12, 2.
102 Martin Luther King: »Vietnam und der Kampf für die Menschenrechte«, Ansprache am 4. April 1967, übers. von Anne Bahr / Hans-Jürgen Benedict, in: ders.: *Testament der Hoffnung. Letzte Reden, Aufsätze und Predigten*, Gütersloh 1976, S. 75–92, hier S. 75 f. (Übers. erg., A. d. Ü.).
103 Zitiert nach James Forman: *The Making of Black Revolutionaries*, Seattle / London 1997, S. 369.
104 Zitiert nach Michael Eric Dyson: *I May Not Get There with You. The True Martin Luther King, Jr.*, New York 2000, S. 62.
105 Vgl. Harry G. Frankfurt: *Bullshit*, übers. von Michael Bischoff, Frankfurt/M. 2006.
106 Michael M. Grynbaum: »Trump Strategist Stephen Bannon Says Media Should ›Keep Its Mouth Shut‹«, in: *The New York Times* (Online), 26. Januar 2017.
107 William P. Davis: »›Enemy of the People‹. Trump Breaks out This Phrase during Moments of Peak Criticism«, in: *The New York Times* (Online), 19. Juli 2018.
108 »Fact Check: President Biden's Address to Congress«, National Public Radio, aktualisiert am 28. April 2021, https://www.npr.org/2021/04/28/989120226/bidens-address-to-congress-annotated (zuletzt aufgerufen am 18. 5. 2022).
109 The Public Editor: »When to Call a Lie a Lie«, in: *The New York Times*, 20. September 2016, https://www.nytimes.com/2016/09/20/public-editor/trump-birther-lie-liz-spayd-public-editor.html (zuletzt aufgerufen am 18. 5. 2022).
110 Vgl. Richard Rorty: *Take Care of Freedom and Truth Will Take Care of Itself. Interviews with Richard Rorty*, hrsg. von Eduardo Mendieta, Stanford 2006.

111 Thomas Jefferson: *Notes on the State of Virginia* [1784], Query XVII.

112 Richard Rorty: »Der Vorrang der Demokratie vor der Philosophie«, in: ders.: *Solidarität oder Objektivität? Drei philosophische Essays*, übers. von Joachim Schulte, Stuttgart 1988, S. 82–125.

113 Richard Rorty: *Stolz auf unser Land. Die amerikanische Linke und der Patriotismus*, übers. von Hermann Vetter, Frankfurt/M. 1999, S. 23.

114 Ludwig Wittgenstein: *Tractatus logico-philosphicus, Werkausgabe*, Bd. 1, Frankfurt/M. 1984, 1.1, 6.41.

115 Ebd., 6.42, 6.4, 6.421.

116 Zitiert nach »Nazi Philosophy and Truth«, in: *Nature* 134 (1934), H. 3389, S. 564 f.

117 Am deutlichsten zeigte sich dieser Trend an dem »1619-Projekt« der *New York Times* und dem Buch, das daraus hervorging: *The 1619 Project. A New Origin Story*, New York: 2021.

118 W. E. B. Du Bois: *Black Reconstruction. An Essay toward a History of the Part Which Black Folk Played in the Attempt to Reconstruct Democracy in America, 1860–1880*, New York 1935, S. 716.

119 Ebd.

120 Zitiert nach Franny Nudelman: *John Brown's Body. Slavery, Violence, and the Culture of War*, Chapel Hill 2004, S. 14 f. – »John Browns Leichnam liegt im Grab und vermodert, Seine Seele marschiert weiter. Und jetzt ein dreifaches Hoch auf die Union, und wir marschieren weiter!«

121 Abraham Lincoln: »Address at Gettysburg, November 19th, 1863«, in: *The Writings of Abraham* Lincoln, hrsg. von Arthur Brooks Lapsley, Bd. 7: *1863–1865*, New York 1865, S. 21 f.; dt. Übers. nach https://de.wikipedia.org/wiki/Gettysburg_Address (zuletzt aufgerufen am 18. 5. 2022).

122 Jonathan Lear: »Gettysburg Mourning«, in: *Critical Inquiry* 45 (2018), H. 1, S. 97–121, hier S. 104.

123 Ebd., S. 109.

124 Ebd. u. S. 115 f.

125 Lincoln: »Address at Gettysburg«, S. 24.

126 Oliver Wendell Holmes, Jr.: »Notes on Albert Durer«, in: *The Harvard Magazine* 7 (1861), H. 58, S. 41–47, hier S. 43.

127 Oliver Wendell Holmes, Jr.: »Books«, in: *The Harvard Magazine* 4 (1858), H. 10, S. 408–412, hier S. 410 (meine Hervorh.).

128 Ralph Waldo Emerson: »Attempted Speech. 24 January 1861«, in: Len Gougeon / Joel Myerson (Hrsg.): *Emerson's Antislavery Writings*,

New Haven 1995, S. 127; zitiert nach Menand: *The Metaphysical Club*, S. 31.

129 Oliver Wendell Holmes Jr. an Harold J. Laski, 12. Mai 1927, in: *Holmes-Laski Letters. The Correspondence of Mr. Justice Holmes and Harold J. Laski, 1916–1935*, hrsg. von Mark De Wolfe Howe, Bd. 2: *1926–1935*, Cambridge, MA, S. 942; zitiert nach Menand: *The Metaphysical Club*, S. 62.

130 Holmes an Laski, 1. Juni 1927, in: *Holmes-Laski Letters*, Bd. 2, S. 948; zitiert nach Menand: *The Metaphysical Club*, S. 63.

131 Holmes an Laski, 15. September 1929, in: *Holmes-Laski Letters*, Bd. 2, S. 1183.

132 Emerson: »Selbstvertrauen«, S. 41.

133 Oliver Wendell Holmes, Jr.: »The Gas-Stokers' Strike«, in: *American Law Review* 7 (1873), H. 3, S. 583.

134 O. W. Holmes Jr.: *Das gemeine Recht Englands und Nordamerikas. In elf Abhandlungen dargestellt*, übers. von Rudolf Leonhard. Unveränd. Nachdruck der 1912 erschienenen 1. Aufl., Berlin 2006, S. 43, 1.

135 Ebd. S. 1.

136 Oliver Wendell Holmes, Jr.: »Natural Law«, in: *The Fundamental Holmes. A Free Speech Chronicle and Reader*, hrsg. von Ronald K. L. Collins, Cambridge 2010, S. 201.

137 Spinoza: *Ethik*, III. Teil, Lehrsatz 9, Anm., S. 243.

138 Richard A. Posner: *The Problems of Jurisprudence*, Cambridge, MA 1993, S. 240.

139 Holmes: »Natural Law«, S. 201.

140 Nietzsche: »Ueber Wahrheit und Lüge im aussermoralischen Sinne«, S. 875.

141 Holmes: »Natural Law«, S. 199.

142 John Dewey: »The Future of Liberalism«, in: ders.: *The Later Works, 1915–1953*, Teil 3 von *The Collected Works of John Dewey*, hrsg. von Jo Ann Boydston, Bd. 11: *1935–1937*, Carbondale 2008, S. 289–295, hier S. 291.

143 Holmes: *Das gemeine Recht*, S. 1.

144 Oliver Wendell Holmes Jr. an Sir Frederick Pollock, 15. Mai 1931, in: *Holmes-Pollock Letters. The Correspondence of Mr. Justice Holmes and Sir Frederick Pollock, 1874–1932*, Cambridge, MA 1942, Bd. 2, S. 287; zitiert nach Menand: *The Metaphysical Club*, S. 437.

145 John Dewey: *Deutsche Philosophie und deutsche Politik*, übers. von Hans Hermann Kogge / bearb. von Berthold Fresow, Berlin / Wien 2000, S. 134.

146 Ebd., S. 108.

147 Rorty: »Pragmatismus als romantischer Polytheismus«, S. 77.

148 Sidney Hook: *Education and the Taming of Power*, La Salle, IL 1973, S. 141.

149 King: »Brief aus dem Gefängnis in Birmingham«, hier S. 85.

150 Du Bois: *Black Reconstruction*, S. 726.

151 Rorty: *Stolz auf unser Land*, S. 87.

152 Mark Lilla: »The End of Identity Liberalism«, in: *The New York Times*, 18. November 2016, https://www.nytimes.com/2016/11/20/opinion/sunday/the-end-of-identity-liberalism.html (zuletzt aufgerufen am 18. 5. 2022); ders.: *The Once and Future Liberal. After Identity Politics*, New York 2018.

153 Lilla: *The Once and Future Liberal*, S. 7 f.

154 Ebd., S. 8.

155 Ebd.

156 Ebd., S. 32, 117.

157 Ebd., S. 102, 101, 59.

158 Vgl. Randy Kennedy: »White Artist's Painting of Emmett Till at Whitney Biennial Draws Protests«, in: *The New York Times*, 21. März 2017.

159 »What a Mother Should Tell Her Child. Mother's Day Sermon at Ebenezer Baptist Church«, in: *Martin Luther King, Jr. Papers, 1950–1968*, Martin Luther King, Jr., Center for Nonviolent Social Change, Inc., Atlanta, 12. 5. 1963.

160 Hannah Black: Offener Brief an die Kurator:innen und Mitarbeiter:innen der Whitney Biennale; zitiert nach Alex Greenberger: »›The Paiting Must Go‹: Hannah Black Pens Open Letter to the Whitney about Controversial Biennial Work«, in: ARTnews, 21. März 2017, https://www.artnews.com/artnews/news/the-painting-must-go-hannah-black-pens-open-letter-to-the-whitney-about-controversial-biennial-work-7992/ (zuletzt aufgerufen am 18. 5. 2022).

161 Richter verwendete für die Gemälde vier Fotografien, die von Lagerhäftlingen in den Gaskammern angefertigt und aus Auschwitz herausgeschmuggelt worden waren. Zwei Bilder zeigen nackte Leichen und zur Beseitigung der Körper gezwungene Häftlinge vor einer qualmenden Verbrennungsgrube. Ein drittes Bild zeigt nackte Frauen in einem Waldstück auf dem Weg zur Gaskammer, das letzte lediglich einen Ast und etwas Himmel. Soweit wir wissen, handelt es sich um die einzigen Bilder, die von Lagerhäftlingen angefertigt

und aus dem Lager geschmuggelt wurden. Richter malte sie zunächst in vergrößertem Maßstab ab und übermalte sie dann abstrakt mit brauner, grauer und schwarzer Farbe sowie Grün- und Rottönen. Unter den abstrakten Bildern kann man die ursprünglichen Fotos nicht mehr erkennen.

162 Dana Schutz: E-Mail-Statement; zitiert nach Oliver Basciano: »Whitney Biennial. Emmet Till Casket Painting by White Artist Sparks Anger«, in: *The Guardian*, 21. März 2017, https://www.theguardian.com/artanddesign/2017/mar/21/whitney-biennial-emmett-till-painting-dana-schutz (zuletzt aufgerufen am 18. 5. 2022).

163 Roland Barthes: »Der Tod des Autors«, in: ders.: *Das Rauschen der Sprache. Kritische Essays IV*, übers. von Dieter Hornig, Frankfurt/M. 2006, S. 57–63.

164 Ebd., S. 57 f.

165 Theodor W. Adorno: *Kants »Kritik der reinen Vernunft«* (1959). *Nachgelassene Schriften*, Abt IV: *Vorlesungen*, Bd. 4, hrsg. von Rolf Tiedemann, Frankfurt/M. 1995, S. 99.

166 Barthes: »Der Tod des Autors«, S. 57.

167 Barthes wäre überrascht darüber gewesen, im selben Boot mit Kant zu sitzen; doch wie Kant einmal sagte, können wir einen Autor »besser [...] verstehen, als er sich selbst verstand« (KrV (B) 370).

168 Rorty: »Der Vorrang der Demokratie vor der Philosophie«, S. 85.

169 Lilla: *The Once and Future Liberal*, S. 14.

170 Ebd., S. 120.

171 Ebd., S. 137.

172 Ebd., S. 120.

173 Ziel meines Buches *Israel – eine Utopie* (übers. von Michael Adrian, Berlin 2020) ist es, ein Modell für eine solche Revision der staatsbürgerlichen Identität Israels zu entwickeln – indem ich Neufassungen der Erinnerungskultur, Gesetzgebung und des Selbstverständnisses des Landes vorschlage, die nicht an der jüdischen Identität ansetzen, sondern an der Verpflichtung gegenüber Menschen.

174 Lilla: *The Once and Future Liberal*, S. 15.

175 John Rawls: »Gerechtigkeit als Fairneß: politisch und nicht metaphysisch«, in: ders.: *Die Idee des politischen Liberalismus. Aufsätze 1978–1989*, hrsg. von Wilfried Hinsch, Frankfurt/M. 1992, S. 255–292.

176 Ebd., S. 264.

177 Ebd., S. 258.

178 Tocqueville: *Über die Demokratie in Amerika*, S. 285.

179 Ebd.

180 Ebd., S. 295.

181 Richard Rorty: »Who Are We? Moral Universalism and Economic Triage«, in: *Diogenes* 44 (1996), H. 1, S. 5–15.

182 Ebd., S. 8.

183 Rorty: »Der Vorrang der Demokratie vor der Philosophie«, S. 85.

184 Rorty: »Who Are We?«, S. 11 f.

185 Ebd., S. 12 f.

186 Kant: »Was ist Aufklärung?«, S. 35.

187 Ebd.

188 Baruch de Spinoza: *Theologisch-politischer Traktat*, *Sämtliche Werke*, Bd. 3, auf der Grundl. der Übers. von Carl Gebhardt neu bearb. und hrsg. von Günter Gawlick, Hamburg 1994, S. 14 (meine Hervorh.).

189 Kant: »Was ist Aufklärung?«, S. 35.

190 Ebd., S. 36.

191 Ebd.

192 Ebd., S. 35.

193 Ebd., S. 36.

194 Ebd.

195 Thoreau: »Plädoyer«, S. 182 (Übers. geänd., A. d. Ü.).

196 Emerson: »Selbstvertrauen« S. 41.

197 Moses Maimonides: *Führer der Unschlüssigen*, übers. und komm. von Adolf Weiß, mit einer Einl. von Johann Maier, Hamburg 1995, Buch 2, Kap. 36, S. 238.

198 Ebd., S. 238 f.

199 Leo Strauss: *Die Religionskritik Spinozas als Grundlage seiner Bibelwissenschaft. Untersuchungen zu Spinozas Theologisch-politischem Traktat. Gesammelte Schriften*, Bd. 3, unter Mitw. von Wiebke Meier hrsg. von Heinrich Meier, 3. Aufl., Stuttgart / Weimar 2008, S. 236. Zu einer jüngeren Diskussion von Maimonides' Verständnis der Prophetie, die auch seinen Einfluss auf Spinoza berücksichtigt, vgl. Heidi M. Ravven: »Some Thoughts on What Spinoza Learned from Maimonides about the Prophetic Imagination. Part 1. Maimonides on Prophecy and the Imagination«, in: *Journal of the History of Philosophy* 39 (2001), H. 2, S. 193–214. Noch jüngeren Datums ist Ilaria Gaspari: »Immaginazione produttiva e profezia, fra Maimonide e Spinoza«, in: *Teoria* 32 (2012), H. 2, S. 169–197.

200 Moses Maimonides: *Guide of the Perplexed*, übers. von Shlomo Pines, Chicago 1963, Einleitung des Übersetzers, S. LXXXIX.

201 Jan Assmann: *Die Mosaische Unterscheidung oder der Preis des Monotheismus*, München / Wien 2003.

202 Pines: Einleitung des Übersetzers des *Guide of the Perplexed*, S. XXXII f.

203 2. Mose 23, 20.

204 Maimonides: *Führer der Unschlüssigen*, Einleitung zu Buch 1.

205 Ebd., Buch 2, Kap. 44/45.

206 Ebd., Kap. 45, S. 295.

207 Ebd., Kap. 45, S. 297 (meine Hervorh.).

208 Ebd., Kap. 45, S. 295 (meine Hervorh.).

209 Mir ist nicht bekannt, ob Assmann oder sonst irgendjemand diesen Vorschlag gemacht hat, aber ein solcher Gehorsam könnte auf ziemlich natürliche Weise aus der »mosaischen Unterscheidung« folgen.

210 1. Mose 22.

211 1. Mose 22, 1–2.

212 Maimonides: *Führer der Unschlüssigen*, Buch 1, Kap. 2.

213 Ebd.

214 1. Mose 3, 5.

215 Maimonides: *Führer der Unschlüssigen*, Buch 1, Kap. 2, S. 33 f. (meine Hervorh.).

216 Ebd., Buch 3, Kap. 24, S. 153.

217 Ebd. (meine Hervorh.)

218 Freud: Der Mann Moses.

219 1. Mose 22, 2.

220 1. Mose 22, 4.

221 1. Mose 22, 5.

222 1. Mose 22, 7.

223 1. Mose 22, 9–19.

224 J. A. Emerton: »The Origin of the Promises to the Patriarchs in the Older Sources of the Book of Genesis«, in: *Vetus Testamentum* 32 (1982), H. 1, S. 14–32, hier S. 18.

225 Gordon J. Wenham: *Genesis 16–50. Word Biblical Commentary 2*, Dallas 1994, S. 103.

226 Erich Auerbach: *Mimesis. Dargestellte Wirklichkeit in der abendländischen Literatur*, Tübingen 2015, S. 14.

227 1. Mose 18, 23–28.

228 Immanuel Kant: *Kritik der Urtheilskraft*, hrsg. von Wilhelm Windelband, *Werke*, Bd. 5, Berlin 1968, S. 260.

229 Kant: *Der Streit der Fakultäten*, S. 63.

230 Auf einem Bild sieht man eine weitere weiße Person am Rand, bei der es sich laut Bildunterschrift um eine »unidentifizierte Nonne« handelt.

231 Abraham Joshua Heschel: *The Prophets*, New York 1962.

232 Abraham Joshua Heschel: »The Meaning of This War (World War II)«, in: ders.: *Moral Grandeur and Spiritual Audacity*, hrsg. von Susannah Heschel, New York 1996, S. 209–212, hier S. 210 f.

233 King: »Vietnam«, S. 76 (Übers. erg., A. d. Ü.).

234 Zitiert nach Susannah Heschel (Hrsg.): *Moral Grandeur*, »Introduction«, S. VIII.

235 King: »Vietnam«, S. 75.

236 Boehm: *Israel – eine Utopie*, Berlin 2020.

237 Tareq Baconi: »Palestine and Holocaust Memory Politics«, Vortrag auf der Konferenz *Hijacking Memory. The Holocaust and the New Right* (11. Juni 2022).

QUELLENNACHWEIS

S. 5: Michel Foucault, *Polemik, Politik und Problematisierungen*, in: ders., Schriften in vier Bänden. Dits et Ecrits, Band IV. 1980–1988. Aus dem Französischen von Michael Bischoff, Hans-Dieter Gondek, Hermann Kocyba und Jürgen Schröder.

S. 72: John Rawls, *Gerechtigkeit als Fairneß*. Ein Neuentwurf. Aus dem Amerikanischen von Joachim Schulte. Herausgegeben und mit einem Vorwort von Erin Kelly.

S. 120: Hannah Arendt und Joachim Fest, *Eichmann war von empörender Dummheit*. Gespräche und Briefe. Herausgegeben von Ursula Ludz und Thomas Wild